Gakken

予測はしないほうがいいのだが

44年間、何万件も当てた男の今後の予測

Funai Yukio
船井幸雄

予測はしないほうがいいのだが

まえがき――本書の予測は、ほとんど的中するだろう

本書は私の著書としては学研グループから出す最初の本になります。以前から月刊「ムー」の三上丈晴編集長に注目していました。ヒカルランドの石井健資社長（前・徳間書店編集長）とともに、フシギな能力者や変わった才人を世の中に紹介してきた双璧ともいえる貴重な編集者だからです（ただ、彼は忙しすぎるのか、多少、ムリをしすぎるようです）。

それとともに私の大好きな飛鳥昭雄さん（私とは大阪府下の隣の市の生まれで気が合います。彼は大阪府立河南高校の後輩になります）のパートナーとしての三上さんは、これまでもよい話し相手でした。才人といえる人です。

ところで、どういうわけか400冊も著書を出しているのに、三上さんからは「船井先生、学研グループからぜひ一冊出してください」とは奨められてはいましたが、いままでは自著を出版するチャンスに恵まれなかったのです。

本書内に少しは書きますが、本書は学研グループからの最初の著書なので、私の特性をこの「まえがき」でもちょっと書いておきます。

私は今生、大半を経営コンサルタントとして生きてきました。いま78歳です。

多くの会社をつくり社長や会長を経験しました。そのなかでも最初に創業した株式会社船井総合研究所は大きくなり、経営コンサルタント会社としては1988年に世界ではじめて証券市場に上場し、いまでは東証、大証の一部上場会社として、多くの実績もあり有名にもなりました。グループ会社にはほかにも上場している会社があります。

私自身は経営コンサルタントとしては日本の草分け的存在のような人間で、長年、世界中を相手に仕事をしてきました。

1万数千社とつきあってきました。数万件もアドバイスしました。ここ40年余、経営コンサルタントとしてのアドバイスでは失敗は皆無に近いと思えます。はっきりいって「経営についてはプロ」だと認識しています。

そしてそれは「予測のプロ」ということでもありそうです。

予測したことが当たらないと、経営のアドバイスは成功しないからです。

どうして予測が当たるのか……種あかしは本書第3章に、そのコツの一部を書きます。

といいましても、ふつうの人間です。将来のことなど、はっきりわかるはずのないまともな（？）人間です。しかし世の中には、未来のわかる人やわかる資料があります。そういう人や資料を知り、親しくつきあってきましたから当たる確率が高くなったようです。

3・11東日本大震災を予知した知人も、10人くらいいました。

次に紹介しますのは、まだ知人ではありませんが、フシギな予知能力を持った人というので、いま有名な照《しょう》さん＝「松原照子」さんのブログのなかの一部分です。彼女とは、近々に親しくなる予感がします。

これは「幸福の近道」という彼女のブログの、今年の2月16日発信文の一部です。


やはり太平洋側は動く気配がムンムンしています。

「陸前高田」と云う地名が声にならない会話を　自分にしています。

どこにあるのだろうと　探してみると　見付かった。

指で感じ取ろうとしたが　期待ほど感じなかったが　釜石辺りが赤く見えた。

東和と書かれている場所辺りが気になった。今度揺れると広範囲に思える。

岩手・秋田・山形・宮城・福島・茨城　これだけ書けば当たるだろうと思える県名だが　書かずにはおれない思いになります。

目の前に5の数字が先程から見えて仕方がない。

千葉も　神奈川も近く揺れると思われるし　東京・埼玉も「なんだこれ」私がおかしいのか群馬も　栃木も　長野も　いつ揺れてもおかしくない事を地図は語ってくれて

いるだけに　私自身　今日は地図を見る力が薄れているのかと　心配になってしまうくらいだ。
もしかすると近日中に何回か揺れを感じるか　かなり広範囲なのかもしれないと思った。
もっと他も見ないといけないのだろうが　これ程の県名を書いた後だけに見る気がなくなったが　心の中で「揺れる・揺れる」と言っている自分がいた。
又　改めて見てみますが　気を付けて下さい。
大きな揺れを感じる私が　ここにいます。

次は彼女の5月21日のブログです。

まだまだ揺れは油断出来ません。

皆様を驚かせるつもりはありませんが、この2～3週間、関東・甲信越地方は揺れると思われます。

それと福島も地下が落ち着いていません。気を付けて下さい。

大地震と云うイメージは今日はありませんが、液状化・地盤沈下の地位は注意して下さい。それと、集中的雨もです。

北海道の太平洋側も揺れやすいように思えています。

次は5月28日のブログの一部です。

何度も申し上げますがこれからの十年、地震は気を緩める事は出来ません。
関東・東海・東南海・南海・中部圏の内陸・近畿圏の内陸そしてこの度の大地震の辺りと、
日本はまさに地震大国です。
これからも出来る限り地図を触り、お伝えしてまいります。

次も5月28日のものです。

今年は台風の当たり年になりそうで心配になっています。
フィリピンから沖縄・九州・本土と風が特に気になります。
土砂災害・河川の氾濫と嫌な事が多い年です。
どんな時でも、オーバー目で判断して下さい。

もうひとつ紹介します。これは松原照子さんの6月3日のブログの一部です。

２００７年、アメリカの「サブプライムローン」問題は、世界の金融市場に大きなダメージをも与えたのが遠い昔の出来事のように思えているのは私だけでしょうか。

ただ、最近あの住宅ローンとは違うローンと云いますか、債権と云いますか、イメージが頭の中にはあるのですが、何分知識不足でうまく書けないのですが、又々、アメリカに問題が起きそうに思えるのです。

もしかして夏かなァ。それとも秋なのに暑い日なのかなァ。株に関わる気がします。

このへんでいま一番に注目している松原照子さんのブログの内容紹介はやめますが、彼女の未来予測能力は、現状では一番参考になります。私の周辺には――本書内に何人かのお名前を載せますが――このような人が何人もおります。

また、未来がわかる『聖書の暗号』や『日月神示《ひつき》』といった資料などにも詳しくなりました。いずれも本書内で必要な部分を紹介します。

以上述べたような、予言・予告の当たりそうな人々や資料をよく知っている特性を持っているのが、船井幸雄という人間です。だから予測もよく当たるようです。

最近4年余、私は体調を崩したが故に時間ができ、いろいろなことを知りました。それらは私のブログやそのほかの著書などにバラバラで発表していたのですが、それを三上さんの知人でライターの杜聡一郎さんが集めてくれました。これは助かりました。

それらを私なりにまとめて順序だて、最新情報と最近の予測を付加して一冊の本として書き下ろそうと思っています。それが本書です。

杜さんの努力もあり、私の手元には多くの資料が揃っていますので、10日間もあればよい本の原稿ができあがると思います。ただ、本書内に引用する私のブログの内容などは、現状に合わせて原文を変更して載せる予定です。

ただ、予測書としますとその内容にこだわりたくなりますから、本書の題名のように『予測はしないほうがいいのだが』というくらいの気持ちで書こうと思っています。

しかし、書くことは「ほとんど間違いない」と確信のもてることがほとんどですし、多くの人にとりましては、「そんなバカなことが?」と思う内容が多いようですが、「未来のことはわからないのが当たり前だから」と割りきって、上記の題名の本にすることにしました。とはいえ私の経験と勘では、本書の内容はほとんど的中すると考えています。

とりあえず気楽に楽しんでお読みください。そして予測したことが当たると、読者も真剣に考えてください。ともかくこだわらずに気楽に書き下ろします。必ず、よい世の中が近未来に来そうですから安心してお読みください。

2011年6月12日　熱海市西山町の自宅書斎で

船井幸雄

1 3・11大震災が世の中を変える「きっかけ」になった

2 『聖書の暗号』が3・11大震災をはっきりと予測していた

3 わからないはずの「未来予測」を当てるコツ

4 これからの10年はたぶんこうなる

5 『日月神示』が正確に未来と対処法を示している

6 本書の総まとめ――本物の時代がやってくる

装幀　辻中浩一

3・11大震災が世の中を変える「きっかけ」になった

1

1　東日本大震災は地震兵器で起きた可能性がある

3月11日の巨大地震は大津波と放射能の事故まで付加し、いま日本はトリプル・ピンチにおちいっています。

マグニチュード9・0というのは、78歳の私でもはじめて経験した超巨大地震です。

午後2時46分の地震発生時、私は東京品川の船井本社の会長室で、3月14日からの入院、手術にそなえて忙しい時間を送っていました。品川の海側の震度は「5強」のようでしたが、数分間の横ゆれで会長室の机は動き、壁の絵も落ち、置物などはすべて落下しました。ケガをしなかったのがフシギなくらいです。埋めたて地のビルの高層階だったからでしょう。

いまだこの大震災の被害の全貌は明らかではありませんが、岩手、宮城、福島県を中心に、死者や安否不明者は3万人近くになるでしょう。また、6月12日時点でも、10万人弱が避難者として自宅に帰ることができていません。

経済的な被害も深刻です。東北の太平洋沿岸地域の漁業はほぼ全滅。事業所も10万社くらいが職場を損壊。職を失った従業員数は数十万人弱。それに農業もひどい損失を受けました。その被害総額は20~30兆円と見られています。

いまは少し落ち着いてきましたが、地震が起きてから1か月間くらいはテレビや新聞は連日、福島第一原発からの放射能漏れと拡散のニュースを伝え、悲観論や楽観論、そして週刊誌報道や風評被害までそこに加わり、日本中がたいへんな騒ぎになっていました。

私も地震の後に自分のホームページ「船井幸雄.ｃｏｍ」(http://www.funaiyukio.com/)で、私の知人の原子力について詳しい人たちの本音の意見などから総合的に判断して、ひとりの素人としてみなさんが自分自身の身を守るために役立つと思える情報などを発信してきました。

さらに3月21日には、「(原発に関しては)心配しなくても大丈夫だろう」とホームページに書きました。外国人の有識者の声や、実際に原発の近くまで行って放射線量を測って現地事務所まで開設した副島隆彦さんらのブログでの報告を読み、少なくとも放射線量の数値に関しては事故原発から50キロ以内は要注意だが、それ以外はほぼ大丈夫だとその時点で思ったからです。

ただ、福島第一原発の近くに現地オフィスを置いて継続的に取材にあたる、と宣言し、実行した副島隆彦さんについて、「勇気ある男だ。僕も元気なら彼のような行動を取りたい。あいにく病気で手術直後なので動けないのが残念だ」と発信したことに対しては、「無責任なことをいうな」と多くの人から叱られました。が、いろいろな事情から副島さんの行動はすばらしいし、現状では彼の身体面の安全は大丈夫だと思っています。

私は非常に慎重な人間で、常に冷静、理性的で発言には気をつけていますから、無責任にいっているのではありません。

副島さんの勇気ある行動が多くの人に安心と希望を与えたのはまぎれもない事実でしょう。彼のような人物がたくさん現れてくれれば、この大災害の傷から立ち直ったときに、日本はもっとすばらしい国になっているだろうと、心から思えるのです。はっきりいいますと、私は他者の批判や論争は好きではありませんが、性格的に副島さんとよく似た生き方をしてきたのです。だから彼が好きだし、親しいのです。

さて、「今回のこの大地震は地震兵器によって引き起こされたものだ」という説があります。常識的に考えれば信じがたい話ですが、私の親友で情報通のベンジャミン・フルフォードさんや飛鳥昭雄《あすかあきお》さんなども、自らの取材や複数のルートから得た情報としてそのことを確認したようで、はっきりと発表しています。それらのこともあり、アタマから否定することはできません。月刊誌「ザ・フナイ」2011年5月号に掲載のフルフォードさんの文章には、次のように明記されています。

この攻撃（3月11日の東北地方太平洋沖地震）を命令したと思われる人たちは、今インドの地下基地に亡命中のロックフェラー一族24名と、米コロラド州のデンヴァー空港の地下基地に隠れているアメリカの悪魔教幹部である。彼らは倒産を避けるために日本を攻撃してお金を奪うと脅迫することを決めた。

今回の日本への攻撃が、彼らによるものだった証拠を整理しよう。一番の証拠として出せるのはペンタゴンの正式ホームページにある。この話を信じない人たちは、ぜひこのペンタゴンのホームページのリンクを見てください。

http://www.defense.gov/Transcripts/Transcript.aspx?TranscriptID=674

ここでは1997年、当時の米国防総長が次の発言をしている。

（英文省略）

要するに「電磁波によって天候を変えたり地震を起こしたり火山を噴火させたりしている勢力がいる」と言っているのだ。

それ以前の1970年代、米国とソ連は「お互いの国を地震・天候兵器で攻撃しない」という国際条約を結んだが、そもそもそうした兵器がなければ、こんな条約は必要ないはずだ。（「ザ・フナイ」2011年5月号より引用）

フルフォードさんによると、これまでもアメリカは地震や津波や嵐による脅迫を外交手段として用いてきたというのです。2004年のスマトラ沖地震は油田をめぐっての攻撃であり、アメリカの植民地になることを拒んだミャンマーも嵐による攻撃を受けて20万人が殺されたと彼はいいます。

また、2007年7月16日に起きた新潟県中越地震の前日には、フルフォードさんのところに来た変な人物が「あなたの書いた記事のせいで明日新潟に地震が起きる」といい、その通りに中越地震が起きてしまったそうです。これなどは、地震兵器などで人工的に地震を起こしたのでもなければ、まずありえないというのです。

一方、地震兵器に詳しい飛鳥昭雄さんは、「ザ・フナイ」2011年6月号で、その仕組みを以下のように説明しています。

> 1993年4月2日、ロシアの「イズベスチャ」紙が、バンクーバーで行われた米ロ首脳会議の席上で、エリツィン故大統領が、プラズマ兵器の技術協力をアメリカに申し出たと報道されている。旧ソ連がアメリカ同様にプラズマ兵器を開発していたことは軍事専門家の間では常識で、「クリチャトフ研究所」がその中心地だった。そこでニコラ・テスラが開発した地震兵器の実用化を急いでいた。
> 地震兵器とは、活断層目がけて高エネルギー（プラズマ）を撃ち込み、巨大地震を発生さ

せて敵を殲滅《せんめつ》させる兵器のことだ。実用化する前に旧ソ連は崩壊したが、実際は資金難から開発途中で放棄せざるを得なくなったという。これが完成していたら、プレートの境界部を破壊することで甚大な被害を敵国に与えることも可能となる。

現在、アメリカは地震兵器を既に完成させている。兵器の名はおとなしい「環境兵器」だが、実態は地震兵器つまり「プラズマ兵器」である。アメリカが地震の巣を目標にリレー衛星から高エネルギーを撃ち込むだけで、活断層を破壊し、プレートも破断して瞬時に超弩級地震が発生する。それが海洋であれば現代人が体験したこともない巨大津波を発生させることも可能である。（「ザ・フナイ」２０１１年６月号より引用）

アラスカにあるＨＡＡＲＰ（ハープ）という米軍施設の正体がその地震兵器だと多くの識者たちからはいわれているようです。アメリカ政府はもちろんそのことを否定していますが、飛鳥さんによると、東日本大震災直前の3月10日にはそのＨＡＡＲＰ施設の稼動が極端な異常値を示しており、これまでの最大値であったようです。

ＨＡＡＲＰを監視しているグループは、そのデータから近く超巨大地震が引き起こされると考え、３か所のデータがほぼ同程度の強度であるため、アラスカＨＡＡＲＰ群に垂直な方向、つまり日本を通る大円方向の可能性があるとそのグループの人たちは警告していたようです。

同じ情報はベンジャミン・フルフォードさんもつかんでおり、日本やイタリアの専門家によってもＨＡＡＲＰの発する特殊な電磁波信号が地震の10時間前から測定されていたといいます。

私利私欲のために何万人という人びとの命を簡単に奪うような組織があるということにおどろきを感じます。信じられない気持ちですが、フルフォードさんも飛鳥さんもたいへんな情報通であり、いいかげんなことをいう人たちではないので、正しい情報である可能性は非常に高いと思います。

「ザ・フナイ」のおふたりの記事には、どういう人びとがどんな目的でこのようなことをしたのか、それぞれの立場から詳しく書かれていますので、前記の2誌を入手して、ぜひ読んでみてください。

ところで、私の友人の大石憲旺（展緒）さん、中矢伸一さん、高島康司さんが鼎談《ていだん》した本『日月神示の緊急未来予測』（ヒカルランド）という本に、今回の福島第一原発の事故を警告する箇所がありました。

鼎談そのものは２０１０年の後半に行われたもようですが、そこには、日本の原発はすべて活断層の上に建っていること、そして、そこが人工地震で攻撃される危険性についての話が出てきています。

東日本大震災とは、その危惧《きぐ》されていたことが起きたともいえます。

（上）筆者の友人であるベンジャミン・フルフォードさん。世界を襲う大災害には、「地震兵器」が関連していると訴える。（下）アラスカにあるアメリカのHAARP施設。電磁波を利用して天災を起こすといわれている（写真＝並木オフィス）。

この本も、今後の日本と世界を知るうえで参考になります。御一読を推めます。

2 親しい人、元陸将補・池田整治さんや、行動の人・副島隆彦さんの情報は信用できる

福島第一原発の事故については、池田整治さんと副島隆彦さんから提供された情報が、状況を把握するために役立ちました。おふたりとも私と親しい人です。

元・陸上自衛隊の連隊長などをやり、退官時には小平学校の人事教育部長で陸将補であった池田整治さんは、世の中の「本当の情勢」に精通された方です。彼の本『マインドコントロール2〜今そこにある情報汚染〜』（ビジネス社）では原発の安全神話のウソがあばかれています。

編集サイドの判断でカットされたという、その本のもともとのプロローグでは、敦賀原発がテロにあってメルトダウンを起こすという架空のストーリーが書かれていたようです。

テロの手段はいたって簡単で、原子炉冷却用に海水をくみ上げるモーターを動かすための電線をニッパなどありふれた工具で切断するというもの。しかし、そんなことでも原発をメルトダウンさせることは可能なのです。冷やせなくなった原発がどれほどキケンなことになるかは、すでにご存じでしょう。

この本が大震災の直前に出版されたことを考えますと、ある意味でこれは予言と警告の書であ

ったともいえます。同書を読んで、池田さんのその慧眼《けいがん》にはびっくりしました。池田さんは、「船井幸雄.com」に連載している「21世紀ヤマトごころの部屋」の4月号の記事で、福島第二原発について次のように警鐘を鳴らしています。

報道では一切言わないが、100万キロワット級の原子炉1基で、2～3トンのウラン燃料があると思われる。広島型原爆は僅か800グラムのウランの核分裂反応で10万人以上の非戦闘員である市民の命を奪った。更に各基にある、3～5年冷却用プールの核燃料は何トンなのか。またその後数十年単位で冷やす共通の冷却プールには、約6000本の核燃料棒があるという。

これらのどのプールの冷却水が枯渇しても核の暴走が始まる。更にまずいのは、人類が作った史上最悪の猛毒であるプルトニウム239を使った核燃料MOXを3号機が使っている。築40年の老朽3号機に、全国でも3基しか使用例のないプルトニウム燃料を、なぜ（3月11日の）4ヵ月前から使っていたのか。角砂糖5個分のプルトニウム239で全人類が滅びると言われている。不思議なのは、日本ではこの様な「真実」が主要メディアでは流れない。

（中略）

いずれせよ、これは「大難を小難に」、「ピンチをチャンスに」しなければならない。もう「嘘」はいい。「真実」を広め、人情溢れる安全な自然と共生する日本社会構築への「ターニングポイント」にしようではないか。次に必ずあるであろう東海沖巨大地震に備える意味でも…。

この国家的非常事態での、その日本人の意識向上が、世界のあらゆる民族の心に感動を呼び、まさに新たな地球人意識への、「新たな出発点」として未来永劫世界で語り継がれるようになるだろう……。（「21世紀ヤマトごころの部屋」より）

大難を小難にしよう、自然と共生する日本社会構築へのターニングポイントにしよう、という池田さんの意見には同感です。

彼は、東海・東南海・南海プレートの巨大地震が起きると、浜岡原発は地震のゆれと津波で確実に倒壊してメルトダウンが起きると断言しています。福島第一原発の1号機〜3号機でもメルトダウンが起きていたことが明らかになっていますから、浜岡原発でもそれは起こりうることだったでしょう。

幸いにも、5月6日には菅首相が浜岡原発の全面停止を中部電力に要請しました。これは政府の対応としては正しい判断だったといえそうです。津波対策が整えば運転再開されるということですが、浜岡の停止はよいニュースだといえます。

この大震災では世界各国から救助隊が派遣されており、特に「トモダチ作戦」を掲げる米軍の活躍に脚光があたっています。しかし、池田さんによると、被曝の危険性にさらされながら決死の救助活動を続ける自衛隊とは違って、米軍は安全な地域において簡単なガレキ撤去をするだけで、年1850億円の「思いやり予算」を向こう5年間も得てしまったというのです。

そういうことも知らず米軍に感謝している日本人は、お人よしというか、世間知らずなようです。それが日本人のいいところでもあるのですが、日本のマスコミ報道は一方的なようです。

そのような日本人の特性については、また後で触れることにしましょう。

さて一方の副島隆彦さんは、3月20日の時点で福島第一原発から8キロの地点にまで足を運び、空間の放射線量が毎時15マイクロシーベルトであることをガイガーカウンターで計測してきました。

さらに、4月12日には福島第一原発の正門前をふくむ、原発周辺の各地域で放射線量を計測して、ブログを通じて報告しています。

その結果、周辺地域の放射線量に関しては、東京電力や政府の発表にウソはないことがはっきりしたのです。

副島さんは、自分で測った結果と自らの体で現地を味わった実感から、「もうだいたい、安全だよ。子どもは、少し心配だが、大人は大丈夫だから、自分の家に帰りたい人は帰って来なさい」といっています。20キロ圏内、10キロ圏内の人でも数時間なら大丈夫だから、自分の家を調べに戻っても問題ないと呼びかけています。

副島さんがこういうことをいうのは、福島県の人たちを安心させたいという思いからであり、自ら現地に行くこともなく「安全だ安全だ」とはやし立てる御用学者とは動機も質も違います。

彼は20キロの立ち入り禁止区域のすぐ近くに、現地事務所をつくり、いまも活躍中です。

副島さんは17歳のときから全国の反原発の集会にずっと参加してきたそうですから、彼から出てくる「安全です」という言葉には重みがあります。

放射能の影響についてはいろいろな意見があって判断は難しいですが、副島さんの考えは間違っていないと思います。ただ、原発に近いところでは放射線量の高いところがあるようですから、特に子どもには注意が必要なようです。

ほかに副島さんからの情報で重要だと思えるのは、外国勢力がこの機に乗じて日本国を実質的に乗っ取ろうとしている……というものです。副島さんはご自分のホームページの4月29日の記事にこう書いています。

福島県各地の空間線量（2011年４月12日計測）

＊副島隆彦の学問道場（http://www.snsi.jp/）より引用

①	10時15分	郡山市内阿武隈川近く　2.6マイクロシーベルト
②	10時31分	三春町　2.3マイクロシーベルト
③	10時38分	田村市船引地区　2.9マイクロシーベルト
④	10時55分	田村市常葉地区　2.6マイクロシーベルト
⑤	11時15分	田村市都路地区　2.8マイクロシーベルト
⑥	11時21分	田村市都路地区　2.2マイクロシーベルト
⑦	11時25分	田村市都路地区中心部　2.8マイクロシーベルト
⑧	11時39分	田村市都路地区警戒線付近　3.5マイクロシーベルト
⑨	11時52分	都路地区20キロ圏内入ってすぐ　3.1マイクロシーベルト
⑩	11時59分	大熊町に入ってすぐ　3.4マイクロシーベルト
⑪	12時08分	大熊町5キロ圏内　17.9マイクロシーベルト
⑫	12時15分	大熊町役場近く　24.0マイクロシーベルト
⑬	12時20分	福島第一原発正門前　127マイクロシーベルト 芝生の上1088マイクロシーベルト
⑭	12時42分	双葉町に入ってすぐ　33マイクロシーベルト
⑮	12時45分	双葉町海岸・原発から２キロ地点　13マイクロシーベルト
⑯	13時09分	双葉町鉄道橋崩落現場付近　6.3マイクロシーベルト
⑰	13時19分	JR双葉駅前　8.0マイクロシーベルト
⑱	13時31分	浪江町入ってすぐ　2.6マイクロシーベルト
⑲	14時00分	浪江町役場　3.2マイクロシーベルト
⑳	14時45分	南相馬市立病院前　2.1マイクロシーベルト
㉑	15時27分	JR原ノ町駅付近　3.1マイクロシーベルト
㉒	15時58分	相馬市松川浦　2.4マイクロシーベルト
㉓	16時37分	相馬消防署前　2.6マイクロシーベルト
㉔	17時13分	飯舘村佐須地区　9.3マイクロシーベルト
㉕	17時40分	飯舘村草野地区　7.9マイクロシーベルト
㉖	17時45分	飯舘村役場前　7.8マイクロシーベルト

筆者の友人である副島隆彦さんがホームページ上で公表した、福島県各地の空間線量。こうした心ある人々の地道な行動が、「真実」を明らかにしていく。

本当は一番悪いのはIAEA（アイ・エー・イー・エー、国際原子力委員会）なのである。いま日本国に起きている事態は、このIAEAという凶悪な国際組織による日本国の占領、支配という事態が起きていることなのである。あの天野之弥《あまのゆきや》という今の委員長は、日本人なのに、悪魔のような奴だ。

3月17日は、「原発事故は、もう大丈夫」と日本に来て言った。ところが、翌日、ウィーンの本部に帰るや、「日本のフクシマ原発は、極めて危険である」と報告した。それ以来、ヨーロッパ人が、今にいたるも、とりわけ、ドイツ人と、フランス人が、血相を変えたままである。

多くの知能のある日本国民は、なんとなくこのことの異様さに気付いている。外国勢力による日本国の実質的な乗っ取り、占領が目下、実行されている。

東電と日本政府が怖いのは、IAEAとアメリカ政府（ヒラリー）の恫喝、脅迫、強制的な上からの命令なのである。幕末の、日本の幕府の幕閣（老中たち、譜代の大名たち）と、お奉行さま（いまの官僚たち）は、ペリーやハリスなどの外国人が威嚇的に上から脅し上げてくるのだけが怖かった。だから、外国にはヘイコラした。ところが、彼らは、自分たちが支配している日本国民は怖くもなんともない。だから20万人や30万人の日本国民が殺されようが、どんなに酷い目に遭おうがなんともない。それが権力者・為政者というものである。

私は副島さんほど原発について外国人のことは気になりません。しかし現実に、いま日本政府は彼らに支配されているように思えます。アメリカはGE（ゼネラル・エレクトリック）社製の使いものにならない原発を売りつけ、フランスは原発立国を目指していますからたいへんなのでしょうが、ドイツの原発廃止の決意は高く評価しています。

闇の勢力といわれる人びとが地震兵器で今回の地震を起こしたという、フルフォードさんや飛鳥さんらの情報と副島さんの意見や私の知っているほかの情報は見事に重なるのです。

どちらにしても、日本のこの危機を利用して私利私欲を満たそうとする人びとが外国だけでなく日本にもいるのは事実のようです。世界では一般の日本人のようなお人好し民族は少数派といえます。

日本にも原発を推進した正力松太郎や田中角栄、中曽根康弘という利権がらみの人がいたのだと詳述した本が多くの人に読まれています。

3　日本はねらわれている

大震災の直前に書きあげた『「包みこみ」と「確信」が今後の決め手』（徳間書店）という拙著

の最後に「日本はねらわれている。２～３年中に国家破綻の可能性あり。気をつけよう」という一文を入れました。

今回の地震についても、既述したフルフォードさんや飛鳥さんのいうように、闇の勢力といわれる人びとが儲けるために地震兵器で日本をねらったものだ……という説が多くあり、それらを完全には否定することはできません。ありうることだ、と思えるからです。

そこでまずは、地震直前の日本がどういう財政状況に置かれていたのか、どれくらいのピンチであったのかということと、どうすればいいのかという私見を簡単に述べておきます。なお、ここに出てくる数値は２０１１年２月末時点でのものです。これは大事なことなので、ぜひ知っていてください。

①日本の税収は約40兆円。支出は80兆円強、不足分を国債で穴うめしています。

②いままでの国債残高は約１０００兆円。ＧＤＰ約５００兆円のすでに2倍に達しています。

③ふつうの国なら、たぶん、消費税率を20～25パーセントにして対応するでしょう。これが世界の常識です。ちなみに日本で消費税率を１パーセント上げると、２・５兆円弱の増税になります。

④これは、いまの税体系では不可能とはいえなくとも、国民感情を考えるとムリで、今後も国債は増えても減りそうになく、このままいくと常識的には、猛烈なインフレでも起きないかぎり国債は返済不能と思えます。

⑤いまのところ、日本国債の引き受け手は96パーセントまでが国内金融機関など国内勢ですが、これは日銀のゼロ金利と量的緩和政策でかろうじて支えられていました。ともに不自然なことです。しかも市場金利は実勢で決まります。管理できません。いま金利が上り気味で、国債がリスク資産になりそうです。

⑥格付会社だけでなく、世界中の金融のプロには、これらのことはみんなわかっていることです。だから日本国債はねらわれる可能性があります。特にこれからキケンです。彼らは良識よりも金儲けが大事なようですから。

⑦いまより少しでも金利が上がり、国債が下りだすと、日本の国債発行は今後は不可能に近くなるだけでなく、財政はたちどころに破綻する可能性が大きくなります。

そのときは日本国だけでなく、日本の大手銀行などの大金融機関も潰れざるをえないでしょう。中小金融機関はさらに危険です。

⑧このような大ピンチが来ているのに、いままで国民はいたってのんびりしていました。消費税率UPについては頭から「反対、反対」とのみいっていました。政治家も選挙に不

利になるので、だまっていますし、官僚もなぜか、なんら対応策を出してきませんでした。こんな政治家や官僚なら本当は不要です。
⑨もし、デフォルトを宣言するようなことになると、日本国民だけでなく、世界中に与える被害や影響は計り知れないものになります。
⑩それに、かつて1450兆円くらいあった日本の個人金融資産は、いまでは1000兆円か1050兆円にまで減りました。まだ減りつづけています。たぶん、今度の震災で1000兆円を下回ったでしょう。
もう国債残高以下になり、これからは負債のほうが、国のバランスシート上でも資産より増えていくことでしょう。日本は破産寸前なのです。

こういう状況に追い討ちをかけるように起きたのが東日本大震災なのです。

3月14日から15日前後にかけては、株価だけで50兆円も日本の富が減りました。6月10日の時点では株価もだいぶ戻りましたが、大震災の被害は20~30兆円に達するようです。さらに、被災や電力不足による工場の操業休止や自粛ムードによる消費低迷、風評によって海外で日本製品が売れなくなっていることもあり、その経済的な損失は資本主義的に考えますと計り知れないものがあります。

日本国が破綻しかけているというのは明らかです。2012年には破綻するかもしれません。しかし、日本人としてはどんなことがあってもそれを止めねばなりません(これは中国が不動産バブルの崩壊で地方政府の借金が表出し、2012年中くらいに財政危機が襲うだろうという説と同じくらい、世界経済に影響を及ぼします)。

どうすればいいかです。

当面、減らせる経費はすべて減らし、節約し、消費税の増税を思いきって上げられるところまで上げるしか方法がないと思います。相続税や所得税の増税ではもはや間にあわないでしょう。

東京電力管内に住むみなさんは今年3月の計画停電のとき以来、電気使用を減らしています。企業の努力もあったと思います。しかし、そのやり方を見習うと、国の経費は半分以下にできると思います。とはいえ、これは節約するのですから資本主義にはピンチになります。それもやむをえないでしょう。

それとともに、いまのピンチの実情を国民が十分に知ることです。もともと財政がピンチであったところに、この震災が起きてさらなるピンチに追いこまれるのです。震災復興の資金がなんとか手当てできればそれでいい……という状況ではありません。これからは「お上頼み」でなんとかなる時代ではありません。それに、いまの日本の「お上」ほど、程度のよくないのは世界でも珍しいほうです。

ともかく政治家や官僚だけでなく、全国民が心を入れかえて、このピンチに対応しないと、早ければ悲劇は2~3年内に来る可能性があります。

日本人は、いままでのようにのんびりとできる状況ではないのです。よく考えてみてください。よい対処策はいまなら、まだ十分にあると思えます。

4 「意思決定の原則」を知らないトップ層

私は残念なことに、いまの政治家やキャリア官僚にはほとんど期待はできないな、と思っています。大地震、津波、放射能汚染という未曾有《みぞう》のピンチで、そのことがはっきりわかってきました。

たとえば、地震直後には非常事態宣言をして株式市場を閉鎖すればよい……と、少し経済がわかる人ならだれでも思うはずですが、菅政権はそのままにしておきました。既述のように、そのせいで3月14日は日経平均633円安、3月15日は1015円安で、この2日間前後に株式だけで約50兆円の富が失われたのです。

このたびのトリプル被害の総額は30兆円弱と試算されますから、この50兆円の損失は、いかに日本の政治家や官僚が無能であるかを示すものといえます。こんな無能な政治家や官僚は百害あって一利なし、といえるでしょう。9・11同時多発テロ事件のときには、あのブッシュ大統領でさえ1週間、株式市場を閉鎖したのです。

日本の政治家の無能の根本原因はキャリア官僚にあるようです。どうして彼らが非常時に無能なのかは高橋洋一著『官愚の国』（祥伝社）を一冊読めばよくわかります。「なるほど」と、びっくりしながら読み、納得しました。日本というのはおもしろい国ですね。無能な官僚を増殖し、彼らに大事な国政をまかせているのです。

震災の混乱にまぎれて、菅政権はシークレットに税制改悪までしていました。

政治家は官僚以上にあてになりません。それは、いまの民主党政権に限ったことではなさそうです。

相続税では、これまで8000万円までは課税されなかったのですが、4月1日以降は4800万円以上の遺産があれば課税対象となります。また、最高税率も50パーセントから55パーセントに引きあげられ、さらに、死亡保険金は生計を一にしている人数分しか500万円の非課税控除が受けられなくなりました。

どさくさの税制改悪もいいところです。読者も自分の給与所得控除がどうなったかを調べてみてください。たぶんアタマにくると思います。これはエリートの集合体と思われていた財務官僚が、税金を取ることしか考えていないということです。そのお金ををムダ使いしていたのが、いまでの日本のリーダーたちです。

どうやら菅政権や財務官僚は年収４００万円以上を富裕層と見て、富裕層からは取れるだけ税金として取りあげたいように思えます。これが民主党や官僚の実体でした。日本国民ものんきで、気づくのが遅かったようです。

４月23日には、トップのあり方についていろいろと考えさせられる電話がありました。浜名湖の西隣り、静岡県湖西市の三上元《みかみはじめ》市長からの電話です。

彼は何十年もの間、船井総研で私のパートナーとして、そして名経営コンサルタントとして大活躍してくれた人で、船井総研の社員、役員などを歴任後に退職して、生まれ故郷の湖西市の市長になったすばらしい男です。ストレートで絶対にウソをいわない人です。

彼がいきなり「原子力発電所をどう思いますか？」といってきました。

「そんなものはいうまでもない。やめるべきだよ」と答えると、「そうでしょう。静岡県の市長会で問題になっており、やめるべきだ……と私はいったのですが、ほとんどの市長は、態度を明らかにしないのです。原子力発電をやめないで、続けるべきだという人びとがいまは50パーセントはいますから、彼らの票を失いたくないようなのです」と彼はいうのです。

経営者やトップというのは、「絶対に安全」と確信できないことにゴーサインを出してはいけないのです。

これはトップ経営者の常識です。というよりもこれは意志決定の原則なのです。

「想定外の出来事が起こらないかぎり安全だ」といっていた福島第一原発が安全でなかったのですから、まともなトップなら「原子力発電所は絶対安全という確信がもてるまで止める」と意志決定するのが当然のことです。

「いまのところ電力供給は原子力発電以外によい方法がない。だから、徹底的に安全策を取って原子力発電を続行するべきだ」というのが、政治家や世界の首長たちの大多数の意見のようですが、このような人たちはトップとしての意志決定法を知らないのです。非常時のトップの経験がないか利権がらみか勉強不足ゆえだと思います。いままでの日本の政治家や官僚と同様です。

電力供給の方法、エネルギーの供給の方法はいくらでもあります。

あとで紹介する「聖書の暗号」には、日本は「この3月11日の事故を機にメタン・ハイドレートにエネルギー供給の主軸を移すだろう」と読める「愛のコード」があります。

日本の近海には、メタン・ハイドレートというエネルギー資源が大量に埋まっていることをご存じの方も多いでしょう。その実用化にはハードルもあるでしょうが、エネルギー政策上、十分検討に値するものだといえそうです。

また、すでにフリーエネルギー技術が日本人により実験的には完成しています。事実上、無尽《むじん》蔵《ぞう》にエネルギーを生みだせる技術です。

それらの技術については、これまで闇の勢力といわれている石油エネルギーを牛耳《ぎゅうじ》る一派に何百件もの特許を葬り去られ、開発者は脅されてきました。なかには殺された人もいるもようです。

そんなことで、それらの技術の実在を疑う人が多いようですが、現に私の親しい友人にも、入力より出力のほうが大きい装置の開発に成功した人がおります。それからは、フリーエネルギーの使用は可能だと考えるしかありません。

近々「ザ・フナイ」に、そのことを開発者にありのまま書いてもらう予定です。また著書も出してもらいます。

フリーエネルギーの実用化はまだ先のことだとしても、発電の方法は、火力、水力、風力、地熱、太陽光……と、いくらでもあります。

日本には昔、600をこえる発電会社がありました。それをいまのような半官的な独占業者をつくり全面的にまかせることにしたので、世界でも最高度に高い価格の電気を、われわれは買わされているのです。中国やアメリカと比べてもはるかに高い価格なのです。

それに電力会社の、ユーザーに対する態度は常識外もいいところです。役人の悪い面に似ています。それが今回の東京電力のことでよくわかりました。

東京電力の一方的な計画停電のやり方にそれがよく表れていました。東京都心や一部地区を除

（上）首都圏の計画停電で明かりが消えて、真っ暗になった埼玉県三郷《みさと》市周辺。奥の東京都心部は明るいままだ。（下）計画停電中の節電で明かりが消えた新宿駅周辺。信号と街灯以外はほとんど消されている（写真＝いずれも共同通信）。

外する不公平さなどもあり、ユーザー無視の東京電力経営陣の無能さや社員のつまらないエリート意識もはっきりしてきました。

私の場合、病院の停電で緊急手術のためのCTやレントゲンが撮れず、危うく生命までキケンになるところでしたが、こんなことが東電の管内ではまかり通ってしまうのです。ふつうの民間会社では考えられないことです。東電はたぶん債務超過になると思います。常識にしたがい、まず会社を潰すべきでしょう。これを生かしておこうと考えるのですから、政府や東電は、経営的感覚からいえば「おかしくなっている」のです。

それに、彼らは福島第一原発から離れた福島県庁や東京都心に対策本部を設け、自らは安全なところから指揮を執り、原発現場で決死の作業をする人や被災者たちのことは実質的には放置しているといっていいでしょう。その実情がだんだんとはっきりしてきました。

それらの情況はすでに週刊誌などが報じていますし、現場で作業にあたっている人たちからもストレートな情報が直接入ってきています。いまはIT時代、すべての真実がすぐにわかります。

少なくとも原発対策本部は、前述の副島さんではないですが、福島第一原発から20〜30キロ圏内に設置して、政治家や担当省庁のキャリア、東電の幹部は、そこへ場と居を移し、対応をするのがリーダーとしての常識です。

中部電力の浜岡原発。ここは東海地震発生時に大きな被害が予想されている。東日本大震災の被害状況を受け、安全確認を行うために急遽停止された（写真＝共同通信）。

ともかく、いままでのやり方は、まったく間違っています。

リーダーが意思決定するときは、「世のため、人のためになること」「１００パーセントすべての人を納得させ、説得できる自信のあること」「絶対といっていいほどの、よい面での成功の確信のあること」がゴーサインの必須条件です。

浜岡原発の停止は英断でしたが、日本全土が地震の巣であることを考えれば、すべての原発をすぐにストップして、今後のよいエネルギー方策を首相が自らの権限で決めるようにして再出発するべきでしょう。三上湖西市長の言は正しいのです。ドイツの原発停止の政策も正しいのです。

いまのこの状況を見ると、戦争中に「日本兵は強いが、士官以上は戦争の仕方を知らない人が多かった」と、敵方であったアメリカ軍や中国軍にいわれていた日本の軍隊のことを思いだします。今度はこれを変えねばなりません。

いまのところ、日本のリーダーはダメな人が多いようです。それに対して、一般の日本人はすぐれており、よくがんばっています。

復興への希望を捨てない被災者の方々や、それをサポートする自衛隊の方々、ボランティアの方方、それから、原発の現場で決死の作業にのぞむ作業員の方々や、節電に協力する東京電力管内に住む人びと……ほんとうによくやっていると思います。

そして、こういう人びとが日本の大衆であることに希望の光が見えてきます。

5　日本人の「よい特性」が日本をよみがえらせるだろう

日本人の本来の特性はすばらしいものであり、それをうまく生かすことができればこの国は不死鳥のごとく、よみがえるでしょう。

そのよい特性の第1番めに、「こだわらない」で「包みこむ」ということがあります。

日本人はあらゆることに深い興味を示し、ほとんどこだわらずにそれらを包みこんで取りこみ、そして独自の文化にしてしまいます。中国文化にしても西洋文化にしても、日本人はこだわりなくそれらを受け入れ、包みこみ、独自のものにしてしまいましたが、こういう民族はほかにいないように思います。

2番めに、恨みをもたないというのもよい特性です。アメリカに原爆を落とされたことも、日ソ不可侵条約を踏みにじってソ連に攻めこまれたことも、大多数の日本人は知っています。それに対して一部の売国奴《ばいこくど》以外は、好意をもっていません。しかし、それを特に恨んでいるようには見えないのです。これは世界でも類を見ない特質です。

これは遺伝的なものとは関係ないようです。日本人は混血、混合人種のはずですから、血筋というよりは使用している言語に関係しているように思います。

日本人が話す日本語は、いまの世界のコトバのなかではかなり特殊な言語であるようです。私の友人で『日本人の脳』（大修館書店）という有名な本を出した角田忠信さんによりますと、日本語は世界でも珍しい母音言語であるため、日本人は特殊な脳の構造をしているようだといいます。どうやら、母音言語を話していると、自然と共感しやすくて情緒的な脳になるようです。同じようなことは、同じく私の友人で言霊《ことだま》を研究している七沢賢治さんもいっています。彼についてはは後で紹介しましょう。

日本人の特性の第3番めとして、「お人好し」「与えることが大好き」ということがあります。さきほども書いたように、いまの日本は財政難で、国の借金である国債がGDPの2倍にも達していて、その借金は増えつづけています。ところが、大多数の日本人はほとんどがそのことを気にしていないように見えるのです。気にしていないどころか、菅政権がいろいろな国に援助金をバラまいているのにも、私などは「バカげたことだ。いくらでも国内で活かせるのに」と思いますが、多くの人たちは寛容です。お人好しであり、能天気すぎるほどに与えることが大好きなようです（ただ、こういう人たちは経営者には不向きです）。

ふつう、そのように能天気だとあまり働かないものですが、日本人の多くはよく働きます。特に自分の好きなことを仕事にしている人ほどよく稼ぎます。これが日本人の特性の第4番めです。いまの人は昔ほど働かなくなりましたが、それでも好きなことなら時間を気にせず収入にも無頓着《むとんちゃく》でよく働きます。こんな民族は日本人くらいでしょう。

さらに、日本人がよく稼げる理由は、その器用さにあります。日本の中小零細企業の技術力や職人の技能を見ればそれはよくわかります。重大な問題が立ちはだかっても、その対処法を見つけだしてしまう「超人」が必ず現れます。これが日本人の特性の第5番めです。

今年の夏などは日本中で、電力不足が問題となると思います。停電になって、窓の開かない高層ビルで冷房が止まったり、エレベーターが止まったりしてしまうとたいへんなことになります。病院の停電などは医療事故にもつながります。工場も困ります。

しかし、日本人の特性を考えますと、互いのことを思いやって努力し、電力会社にたよらず、自主的な節電によって計画停電を回避するだろうと思います。

そしてしばらくすると、電力消費を抑えた電化製品や高効率の太陽電池などが実用化されて脱原発が可能となるでしょう。すでにそのような技術は出てきつつあります。

そのような技術をはじめとする震災を乗り越えるための知恵は、これから40年後に世界人口が100億人に達し、食料やエネルギー、各種資源が不足してどうにもならなくなったときには実に役立つでしょう。

そのとき、日本人の特性から生まれた知恵が世界を救うだろうと思います。

『「包みこみ」と「確信」が今後の決め手』（徳間書店）という本で私は、「うまくいくはずだと確信をもち、そのうえですべてを包みこみ、そしてそれらのすべてを活かせば、ひとりの人生も、世の中の問題も、すべてうまくいきますよ」と結論づけました。これは最新の量子物理学で証明できますが、たぶん日本人から実現するでしょう。すでに「がん」の心配は不要になりつつありますが、これから病気もなくなるでしょう。

今回の震災と原発事故についても、このような日本人が特性を活かしていけば、復興は思いのほか早く実現するのではないかと思っています。

6　「世の中に貢献できるすばらしい能力」はだれにでもある

いまのところ（6月12日現在）、福島第一原発の危機はどうなるかわかりません。

それらは各種の情報（アメリカからのもの、そのほかの外国からのもの、ＩＡＥＡのもの、日本の専門家の発言、副島さんをはじめ、友人たちからのものなど）から確認できます。その後の廃炉へ向けての問題は山積みですし、海産物や農作物の汚染という問題もあります。ただ少なくとも東京ではふだんどおり仕事をしてもいいように思います。ただし、東京に直下型地震の起こる可能性は高そうですから、心ある人は東京から計画的に避難すべきでしょう。

当初、福島第一原発の事故のために、対応を誤ると東北地方や関東地方は人が住めなくなる……といわれていました。

その可能性もありますが、私は「大丈夫だろう」と思っていました。日本人はその特性から、すべてを肯定し、そのうえで人智を出し、あらゆる能力を活用できるからです。

人は死にたくないし、病気になりたくない。それに自分中心に考えがちです。こんなときですから、われ先にと逃げだす人やエゴ的な行動をする人もいるでしょう。

しかし、多くの被災者や大衆にはそんな余裕はありません。だから、できる範囲でお互いに助けあいながら、ベストを尽くすのがもっともよいのだと思います。自然や神（？）が味方してくれるでしょう。

それから、思い、念じ、祈ってほしいのです。人間の思いや祈りはとんでもない力を持っているからです。これが最先端の量子物理学の結論です。

平常時にこんなことを書くと笑われるのですが、これは事実であり、多くの現象が証明しています。今回は多くの国民の切なる思いと祈りと行動、そして福島第一原発現場での勇気ある人びとの決死的行動がすでに効果を発揮しているようです。これからもいろいろと問題は生じると思いますが、全力をあげてがんばろうといったところです。

ところで、私の友人には、手を触れずに人をふっとばしたり動けなくしたりする人が何人かいます。新体道の青木宏之さん、西野式呼吸法の西野皓三さん、空の会の浦田紘司さんなどです。私もできます。

私の場合は何百人もの人が見て知っています。外交評論家で気の研究家の岡崎久彦さんは、私との共著『気の力』（海竜社）の「あとがき」で次のように書いています。

船井先生は、かつて私の目の前で、人を金縛りにしたり、船井先生の指示どおりに動かしたり、気を自由自在に操れる達人である。その後お話を伺ったり、時としてご馳走になったりしているうちに、この方は本物だという確信を持つに至って、教えを乞うこととした。

岡崎さんは、このように書いてくれていますが、私は特別に「気」の勉強をしたわけでも訓練をしたわけでもありません。しかし、「気」というのか「思いの力」でいろんなことができるのは事実であり、自分でもフシギに思ってしばらくは「合気」の本などを何冊か読み、研究もしました。

筑波大学教授で数学の先生の木村達雄さんが「合気」の第一人者だと聞いて、その「合気」についての本をまず読みました。「合気」については津本陽さんの『孤塁の名人』（文藝春秋社）という名著もあります。これは武田惣角《たけだそうかく》さん、佐川幸義さん、そして木村達雄さんへと受けつがれた大東流合気武術の解説本みたいなもので、木村さんの著書『合気修得への道』（合気ニュース）とともに感銘を受けたものです。

そのほか、心身統一合氣道を創始した藤平光一《とうへいこういち》さんとも親しくなり、いろいろ実技を見せてもらったりお話を聞いたりもしました。

そういった経験から私は、量子物理学の正しさを再確認したのです。人間の意志は間違いなく「波動」であり、強い波動を「思い」で出すことで一見フシギなことも実現するのだ……とニールス・ボーアやシュレディンガーがいうことに、納得しています。いまではアインシュタインは古典物理学者で、ボーアのほうが正しいことが実証されているのです。

ただ、ほとんどプラスにならないことなので、ここ何年かは、人をふっとばしたり、動けなくしたりするような量子物理学的なことはしていません。

現実に、人は生まれながらの能力か、あるいは訓練（くりかえし練習すること）によって、ふつうの人から見ると奇跡と思われるようなことを実現できる存在であるようです。武道の分野に限らず、あらゆる面でそうであると思います。それは私の知っている実例からの判断です。その理由は「確信」なのです。

その能力は神わざといってもいいくらいすばらしいもので、本当に人の能力にはびっくりさせられています。量子物理学を知らなければきっと、おかしくなっていたでしょう。

私の知人では、生体エネルギー研究所の佐藤政二さんやＢＭＤ（環境美容予防医学協会）の近藤和子さんの発明力、日本気導術学会の鈴木眞之さんやアースハートの野中邦子さんの治癒力などがその具体例ですが、だれでも人はそのような卓越した能力をいずれかの面で持っているように思えてなりません。ともかく「確信」できればよいのです。

そこでその能力の見つけ方を述べてみましょう。

それは、好きなこと、得意なこと、したいこと、長所……などにポイントがあるようです。惹《ひ》かれること、学びたくて仕方がないこともそうです。

そこで、読者各自で、そのようなポイントを書きだして自分の隠れた才能を捜してみてほしいのです。

というのは、それが人生の目的（今生、人として生まれてきた目的）ともおおいに関係があるように思えるからです。

その逆に、嫌いなこと、上手くならないし下手なこと、短所……などは、その人の特別の才能や能力とは無関係だと思います。それらに注力するのはムダですから、それらには取りくまないほうがいいでしょう。

変な理屈は横において、「量子物理学」の本を数冊でも読めば、アタマのやわらかい人ならおわかりいただけるはずです。

私の場合は、文章を書くこと、講演をすること、人をリードすること、PRすることなどは大好きだし得意です。さらに、経営や経営法を考えるのも大好きです。

一方で、礼儀作法、外国語の勉強、マイナス発想、バランスを崩すことなどは大嫌いで、資格や賞罰も大嫌いです。おかげで無資格、無賞罰を貫いて喜んでいます。

このように、自分の特性をあらためて考えてみると、楽しく役に立つと思います。「この世」と「あの世」の関係までわかります。

これをみなさんにおすすめするのは、だれでも世の中に貢献できるすばらしい能力を持っており、それは引きだせるということ。そして、それを引きだすことにより、人生の目的がわかり、たのしく生きられる……ということを知ってほしいからです。

いま直面している未曾有のピンチについても、日本人が心をあわせ、「これ以上は悪化しない。われわれは、これからエゴをなるべくなくし、助けあい、よい世の中をつくろうと努めるから絶対によくなるはずだ」と肯定し、確信し、祈ることで必ず効果があると思います。各自が好きなとき、できるときに、これを1日に何回かやればよいのです。

そして、好きなこと、得意なこと、したいこと、長所などを書きだして、自分のなかに潜んでいる卓越した能力を見つけだしてください。その能力を使って、なんらかの形で世の中に貢献できると思います。

こういったことを、このピンチを乗り切るヒントにしてほしいのです。

理由としては、おかしなことは考えず、ニールス・ボーアのコペンハーゲン解釈を知るだけでよいでしょう。

ここで、作家でありセラピストでもある加治将一《かじまさかず》さんの提唱される「加治流ホ・オポノポノ」による、いまの日本に対する祈りをご紹介しましょう。

「ホ・オポノポノ」というのはハワイに伝統的に伝わっている願望実現法で、その第一人者のイハレアカラ・ヒューレンさんは私の友人です。月刊誌「ザ・フナイ」の2008年2月号に、ヒューレンさんと私の対談記事があり、ホ・オポノポノについての日本語の解説本も何冊か出ています。詳しく知りたい方はそれらをご一読ください。

具体的には、次のようなコトバを、各自が思いついたときに1日に何十回とアタマのなかでくりかえし唱えるだけでよいのです。

「日本よ、日本人よ、愛しています。最高ですよ。感謝していますよ。いままでより、よい国、よい人たちになりますよ。ありがとう」

こういう感じでいいと思います。

これは「正しい思いは、くりかえし述べることで実現する」という本当に大事なことを現実的に実行するノウハウです。

できれば、みなさんも実行してください。よろしくおねがいします。

7 「放射能から自衛する方法」は数多くある

いま、多くの人が直面しているピンチはなんといっても放射能の問題です。福島第一原発から放出された大量の放射性物質がすべての日本人を恐怖に陥れています。事故の規模はとうとう最悪の「レベル7」とされましたが、私はフランスやロシアの専門家のいうように「レベル6」が正しいのでは（?）と思っています。

漏れだした放射能の量は、いまのところチェルノブイリの10分の1くらいであるようで、常識的には「レベル6」が正しいようですが、大規模な環境汚染をもたらしたことは間違いなく、世界中から今後のなりゆきを注視されています。

深刻な事態ではありますが、いろいろな理由から、日本人はこのピンチを乗り越えられそうだ、と既述のように確信しています。さきほど説明した「日本人の特性」をうまく活かしていけば、「自然のルール」が助けてくれて必ずそうなると思います。

一方、現実には私のところにも、放射能を除去する方法が次々と情報として寄せられていまず。参考までに、私が放射性物質対策として実行していることをここで書いてみましょう。

まず私が実行しているのは、毎日、「ミネラル」を適量摂っていることです。いま私は闘病中の身ですが、そこで気をつけていることのひとつに、ミネラルの摂取があります。それは、自然治癒力、免疫力のためにもっとも必要なものであり、欠乏するとすぐにわかります。すぐ体調に出てくるのです。

しかも、ミネラルは人間の体内において自力でつくることは不可能です。そこで、3種類のミネラル製品を、私なりにバランスを考えて摂っています。

ひとつは、（株）本物研究所（TEL　03－5769－0271）が扱っている「海のミネラル」で、これは私の友人の小椋武理学博士の開発したものです。すぐれものです。

もうひとつは、やはり私の友人であり、植物学と毒物の専門家の中山栄基さん（TEL　0857－73－5122）の開発した「植物ミネラル」です。これも実にすぐれたミネラルだと思います。

あとひとつは、これも私の友人で医師・医学博士の野島尚武さん（TEL　03－5445－3107　http://www.super-mineral.com/index.html）開発の「山のミネラル」というか「岩石のミネラル」です。

野島さんには8冊ほどミネラルについての著書がありますし、彼は医師ですから、放射能対策としてミネラルが役立つのかを聞いてみました。彼は次のように答えました。

（上）水素爆発によって建屋が破壊され、痛々しい姿をさらす福島第一原発。しかし、真の危険はこれから始まる（写真＝共同通信）。（下）事故直後のチェルノブイリ原発。現在では完全にコンクリートで固められている（写真＝タス／共同通信）。

3月11日に起こった大地震、そして、その直後の津波から思わぬ福島第一原発大事故が発生しました。今はそこからの放射性物質が大きく拡散しないことが重要です。

さて、今回の福島第一原発が脅威なのは、拡散の程度が広範囲に広がるという不測の事態になり、ガンなどの病気になるからに尽きるでしょう。

しかし、ガン細胞を殺せるメカニズムがわかっている超ミネラル療法は最後の拠り所であると断じていいのです。

超ミネラル（野島さんの開発したミネラルの商品名）では急性の致命的な外部被曝には生物学的に対処できませんが、経肺あるいは経口的摂取の内部被曝による悪性腫瘍については対処できます。


被曝による甲状腺ガンも治療できるそうです。経験豊かな医師のいうことですから、その通りなのだと思います。ガン、糖尿病、アレルギー、アトピー、循環器病、脳梗塞、肝臓病、肥満、腎臓病……などにも特に卓効があるそうです。

私の経験では、水虫、やけど、虫さされ、口内炎、皮膚の病気、花粉症などにもかなりの効果があるようでした。したがって常備の万能薬がわりに愛用しています。値段もそんなに高くないので、上手に活用すると経済的だと思います。

野島医師は親切なお医者さんです。ミネラルのことを本書で紹介するので、「読者から質問があれば、上手に対応してくださいと頼んでおきました。詳しく知りたい方は、「船井さんの本を見ました」と彼に電話などでお問い合せください。

さて、もうひとつ、私が健康のために気をつけているものに「水」があります。ただの水ではありません。「E水」という特別な水です。これを1日に1・5リットルくらい飲んでいます。また、この水で顔などを洗っています。

E水については、最近の何冊かの拙著でかなり詳しく書いています。故・神坂新太郎さんの開発したカラダによいといわれる万能水（？）です。神坂さんについては、あとで紹介しますから、そこでE水が発明された経緯について触れることにしましょう。このE水も、放射能から身を守るのに有効ではないかと私は考えています。

それから、発酵飲料の「EM・Xゴールド」を常用しています。開発者の比嘉照夫さんに「チェルノブイリで効果があったようだ」と聞いたからです。

EM（有用微生物群）には長年の実績があり、その存在を知っている方、すでに愛用されている方も少なくないでしょう。

比嘉照夫さんには、私のホームページ「船井幸雄.com」の「船井幸雄注目の〝本物〟に携わる人たち」というコーナーで4月から持論を書いてもらっており、そこに、EMによる放射能対策についての記述があるので引用します。

私は、EM研究機構の協力を得て、1995年から2005年までの10年間、チェルノブイリ原発事故の被災地になったベラルーシの放射能汚染対策に関するEMやEM・Xの可能性について、ベラルーシ国立放射線生物学研究所と共同研究を行い、次のような結論となった。

1　外部被曝による臓器の損傷に対し、EM・Xは著しい効果がある。
2　EM・Xは内部被曝を消去し、免疫力を著しく回復する。
3　EMは、植物による放射性元素のセシウムやストロンチウムの吸収を抑制する。
4　EMは、一般的な使用法で1年で土壌中の放射能を15〜20パーセント減少させる。

（中略）

WHO（世界保健機関）によると、放射性元素セシウム137の身体負荷量は、一般的な国では、0・3ベクレル／kgとなっている。ベラルーシの科学アカデミーは、ベラルーシのほとんどの人々が、その数値をはるかに上まわっているため、やむを得ない措置として、健康放射線の身体負荷量を15〜20ベクレル／kg 以下にすることをガイドラインとして、健康指導を行っている。この数値は、白血球の数が減少し始め、免疫力も低下し始めるレベルであり、やむを得ない措置である。

セシウム137の身体負荷量の生物的半減期は、大人で100～150日、子供で15～90日で、年齢が低いほど短縮されることが明らかとなっている。すなわち、放射線の影響の全くない地域で放射能に汚染されていない食物をとり、生活すれば、上記の日数で体内被曝は、半分に減るという意味である。そのため身体負荷量の高い人々は、安全地帯に設置されたサナトリウムや国外での療養を行い、体調がよくなると戻り、また、負荷量が高まると療養を繰り返すというパターンとなっている。

ベラルーシから日本へ療養に来る子供達の放射線の身体負荷量は、低い方が30～40ベクレル／kg、大半が60ベクレル／kgを越え、中には150ベクレル／kg以上という例も見受けられた。ベラルーシ政府は、海外の療養中に放射線の身体負荷量を測定することを禁止しており、それに違反した場合は、当事者のすべてに、出入国を禁止するという厳しい法的制約があり、またベラルーシ国内で測定する場合も、様々な制約があり、外国人が関与できないようになっている。

したがって、測定された数値はすべて、ベラルーシの国内で行われ、ベラルーシの法的な規制を完全にクリアーして行なわれたものである。そのいきさつについては、DNDの電子雑誌に詳しく書いた通りである。

この調査は、ベラルーシでも、被災の特にひどかった、ゴメリ州とモギリョフ州に住んでいた子供21名を対象に、2002年7月23日から8月31日までの40日間、日本で療養を行った前後に行われたものである。

子供の平均年齢は9・7才。3グループに分け、EM・Xを1日当たり30ccを飲むグループをA、1日50ccを飲むグループをB、飲まなかったグループをCとした。飲まなかったグループには、調査終了後の12月上旬以降に、EM・Xを飲むように協力をお願いした。

日本での子供達の里親は、すべて、野呂さんを中心とした「チェルノブイリへのかけはし」の方々に協力いただいた。結果は以下の通りである。
①1日30ccのEM・Xを飲んだグループAの子供達の日本へ出発前の身体放射線負荷量の平均が81・6ベクレル/kg、帰国後の調査では26・78に減少し、汚染地帯に戻って3ヵ月後の測定では、22・16と下がり、療養の目標の上限値の20ベクレル/kgにやや近くなった。
②1日50ccのEM・Xを飲んだBグループの当初の身体放射線負荷量は平均で88・65ベクレル/kgとグループAよりも高かったのに対し、40日後にはすべて検定不能、すなわち正常値となり、帰国3ヵ月も検定不能であった。参考までに、1年を経過した後に測定して

も検定不能のままであった。

③EM・Xを飲まなかったグループCの当初の身体放射線負荷量は平均で62・99ベクレル／kgと最も低い値であったのに対し、40日後には33・81まで下がったが、目標値にははるかに及ばず、帰国後は、再度上昇して37・31となり、一般的なパターンとなっている。

1日にEM・Xを50cc飲んだグループBを個別に見ると、身体放射線負荷量が100ベクレル／kgに達していたものが2名含まれており、この2名も、すべて検定不能となっており、その後も、全く同じ傾向を示したことから、その効果は明確である。

身体放射線負荷量が100ベクレル／kgのレベルとは、白血球の数が著しく減少し、免疫力が極端に低く、俗に言う「チェルノブイリエイズ」の危険にさらされている状態である。

EM・Xは、その後、重ねて改良が加えられ、今では、第3世代となり、当初の5・6倍、80℃以上で加熱し、適当な温度にして飲用すれば10倍以上の効果を発揮するようになり、日本では、EM・Xゴールドとして販売されている。

今回の原発事故は、最悪でもベラルーシのようにはならないことは確かである。この観点とこれからの医療被曝や電磁波被曝を加味しても、EM・Xゴールドの適量は、ラベルに記されている一般的なレベルで十分であり、子供はその2分の1、乳幼児は3分の1〜4分の

1が目安と考えるのが妥当である。EM・Xゴールドは飲み過ぎても害はない清涼飲料水であるが、もしも、日常と変わったことが発生すれば、量を半量以下に減らす等の配慮は必要である。

EM・Xゴールドは福島第一原発の事故現場の作業員の一部も飲んでいるそうで、飲まないで作業をすると発疹《ほっしん》ができたり疲労困ぱいになったりしてしまう人も、飲んでいると発疹もなく疲労感もないそうです。また、農地の放射能対策にもいいようです。やはり、EMという微生物がなんらかのよい作用を発揮しているのでしょう。

比嘉さんによるこの記事は、「船井幸雄.com」内で月1回更新で3回の掲載予定ですから、EMによる放射能対策に興味のある方はぜひ読んでみてください。

ところで、土壌の放射線を取り除くのに「ひまわり」が有効だと聞いたので、私もその種を庭など家の近所に植えました。

それは、森美智代さんから、次のようなお手紙をちょうだいしたことがきっかけです。森さんは1日に青汁1杯で約15年も元気に活躍している「不食の人」として有名ですが、私にときどき、すばらしいことを教えてくれます。

ここにお手紙を転載します。前段にも大切なお知らせが書かれていたのですが、ここではひまわりのことについてのみ引用しました。

船井幸雄先生

謹啓、陽春の候、時下ますますご清祥の段、お慶び申し上げます。平素は格別のご厚誼にあずかり、厚く御礼申し上げます。

（中略）

昇幹夫先生がヒマワリが放射線で汚染された土壌をよくしてくれることを教えてくださいました。被災している方にも、今足りないものも教えてくださって、届けるルートも教えていただいて、色々なものをお届けすることができました。

チェルノブイリ原発から1キロの場所にある放射線に汚染された小さな池で、20種類の植物を栽培、ヒマワリがセシウム１３７を根に、ストロンチウム90を花に蓄積することをつきとめた。危険性が失われるまで30年以上かかる放射性物質を20日間で95パーセント以上も除去する事に成功したのだ。凄い。

ということは、日本ひまわり大作戦！　みんなひまわりを町中に植えたら安全な土壌によみがえる。ということで、ヒマワリの種を先生にもお届けします。

では、ご多忙のこととは存じますがお体をご自愛くださいませ。

2011年4月
謹白

このお手紙の数日あとに、森さんからいただいたFAXには、菜の花にもひまわりと同様の効果があると書いてあったので、庭の菜の花も大事にしています。

なお、福島第一原発の汚染水の浄化に使われたゼオライトという鉱物にも放射能除去の効果があり、土壌の放射能を取り除いたり、体内に放射能物質を取りこむことを防止してくれたりするようです。これについてはいま調べているところです。

こういった情報をよく調べてみて、マクロには安心して、ミクロにはくれぐれも注意して上手に放射性物質に対処してください。それからいま、地震が頻発しており、これから1年間のうちにマグニチュード6以上が日本で200回近くあるだろうとの予測がされていますので、十分注意してください。

それでも、日本と日本人は負けないと思います。大丈夫といえそうです。

なお私は自分の体験から健康維持のために本物研究所で扱っている「カリカ」㈱済度　FAX　092-771-6671）と精気源㈱精気源臨床研究所　FAX　092-513-7

０４０）そして活性酸素系除去製品㈱創造的生物工学研究所　ＦＡＸ　０２２－２９１－８８７１）を愛用しています。私流の知恵です。皆さまも知恵をどうぞ出してください。

8　大事なことも「知らない人」から、大切なことは「知っている人」になろう

放射能対策についても、前のほうで書いた日本の財政状況についても、知っている人と知らない人では身の処し方に大きな差が出てきます。「日本破綻の可能性が高い」ということは、少し勉強している日本人は知っていることですが、政治家や官僚、そしてマスメディアは、なぜかそれを知らせようとはしません。

原発問題についてのマスメディア報道のあり方を見れば、日本のマスメディアが少し変なのははっきりわかります。

船井メディアの人見ルミさんからの報告では、「朝日新聞」４月26日付の「天声人語」に「原発事故後の世論調査」が載っており、それによると、「原発をやめる」がわずか11パーセント、「現状程度」が51パーセント、「減らす」が30パーセントであったそうです。

それに驚いた人見さんは、「朝日新聞」の「ご意見」という窓口に電話をして、世論調査の詳細について問いただしたところ、対象とした地域からは、福島、宮城、岩手の一部が除かれてお

り、回答者は2000人ほどしかいないということがわかりました。

人見さんは相当びっくりして、「被災地の方を入れていない世論調査です」と明記していないことについて抗議したそうです。まったく正論だと思います。

私は数え年で5歳くらいのころから「朝日新聞」を愛読しており、「天声人語」でコトバと字を覚えた人間です。天下の「朝日新聞」がこんなことでは困るのですが、これが現実です。

ほかの新聞やテレビの世論調査でも、「現状維持」が約半数であり「朝日新聞」の結果とそう変わりはありません。しかし、私の知人のインベストメント（株）（TEL 03−5412−0096 http://www.t-model.jp/）の塚澤健二さんからの情報では、ソフトバンクの孫正義《そんまさよし》さんがインターネットで行った世論調査では、原発の縮小・全廃を望む声が96パーセントにもおよんでいたそうです。維持・推進を望む声はわずか4パーセントです。おそらく、これが国民の本当の声のように思います。

これまでの政府、東京電力、マスメディアの発表が、国民に不信感を与えている現状もあり、一般の新聞やテレビの世論調査を信用しない人が増えてきています。そろそろ、なにが真実であるのか、すべてあけっぴろげになってきそうです。

塚澤さんの発信するレポートでは、発電コストに関する鋭い分析があり、事故が起こらないとしても原発による発電コストは決して安くはないということが暴かれています。これもまた国民が知るべき情報です。

「知らねばならないこと」を国民に知らせようとしない政治家やマスメディアも考えものですが、少し勉強すれば知ることができるのに、マスメディアの発表や「目先のことしか知ろうとしない人」が多いのも気になります。

先に紹介した池田整治さんの『マインドコンロール』『マインドコンロール2』（ともにビジネス社）には、「知らねばならないが、多くの日本人の知らないこと」がいっぱい詰まっているので、読んでみることをおすすめします。

アメリカのことや中国のことはもとより、日本の原発がいかに危険か、プラズマ兵器や気象兵器のこと、そして明治維新や、第2次世界大戦後のアメリカによる占領政策のこと、それに彼の友人で私もよく知っている五井野正さんという天才的人物のすばらしい発明のことなど、いまの日本人が知らねばならない大事な情報でこの本は充満しています。

この本を読んで、「池田さんはよくここまで書いてくれたな」と感じました。

実は、彼の書いていることのほとんどは私も知っていることです。しかし、一般の人に知ってもらおうとはいままで考えておらず、その努力もあまりしてきませんでした。多くの人は、いってもなかなか勉強をしようとしないのを知っていたからです。

とはいえ、私は特に情報通ではありません。

経営者や経営コンサルタントを生業にしていましたから、知らねば仕事ができなかったというだけです。

仕事柄、情報網や人脈網があり、いろいろなことへ興味もあったので、この本で池田さんが書かれているようなことを、どうしても知ってしまったのです。

この池田さんや五井野さん、それに私のかつて親しくつきあっていた人たち（その半分くらいは老齢で亡くなりました）など多くの有力な人脈が私には昔からありましたし、いまもあります。

――このような関係が人脈です。

要は情報というのは、自分の興味と情報網（人脈）次第なのです。

そして、本当の情報には、ふつうの人の想像もできないような、びっくりする内容が含まれているものです。

『マインドコントロール2』をふつうの人が読むと、その80パーセントくらいは知らないことであるか、誤解していたことだと感じられるはずです。著者の池田さんは、この本でも『マインドコントロール』という前著でも正直に事実を書いているようです。

もし、これらの本に書かれていることのうち、知らなかったことが80パーセント以上もあるようなら、今日からそれらにも興味を持ち情報網づくりに取りくんでください。私のホームページ

「船井幸雄.com」や月刊「ザ・フナイ」を読むだけでも真実の一端を知ることができ、真実を知ることの必要性と大事さがおわかりになると思います。

ところで、3月の中旬以降、私のホームページの毎日のアクセス数が通常の3倍以上に激増していることから判断しますと、大震災と原発事故を機に「本当の情報」を求める人びとが増えてきているのだと推測されます。

政府やマスメディアから正しい情報があまりにも流れてこないことを考えれば、これは当然のことかもしれません。無料で、大事なことを発信している「船井幸雄.com」の姿勢が認められたということでもあるのでしょう。

いずれにせよ、これまでよりもこのホームページの影響力が出てきたようですので、これからはより慎重に、本当に大事なことを中心に、「間違いない」と確信できることだけを、情報発信していくつもりです。1回発信した記事が何十万人にも読まれるというのは、一面で怖いことです。

「船井幸雄.com」では、無料であっても、大事なことをきちんとお伝えしていくつもりですが、やはり世の中に溢れるたくさんの情報のなかから良質なものを取捨選択するには、信頼できる人や機関から有料で得られる情報を優先的に入手することが確実だといえそうです。

信頼できる有料の情報源のひとつに、私が主幹として創刊した月刊誌「ザ・フナイ」があります。この雑誌を創った主旨の第一は、情報力、分析力はもとより、人間性の点でも安心できる人びとに、その時点において「真実に違いない」と確信されることを、誠意をもって発表していただくことです。

これは、私の「否定も肯定もできないことは、否定も肯定もしない」という姿勢と一貫した編集姿勢であり、そこで書かれた内容については読者のみなさんの責任で取捨選択していただくことが大前提です。その一方で、執筆者の方々の「言論の自由」を破ることはけっしてありません。そのような編集方針だからです。

これからの時代に大切なのは、「自主」「自己責任」、そしてそれらを踏まえた「自由」だと思います。それらを尊重したうえで、これからの地球と人類のあり方を探っていこうというのが「ザ・フナイ」の主旨です。

いまの世の中では勇気をもって真実を述べるのは、この日本でもかなり難しいのですが、「ザ・フナイ」では、主として10人ほどの勇気ある人、しかも大事な真実を知っている人に、毎月連載の形式で書いてもらっています。

ちなみに現在の連載者は、飛鳥昭雄さん、小沢泰久さん、五井野正さん、ｋｏｒｏ先生（神坂新太郎さん）、小宮一慶さん、副島隆彦さん、中矢伸一さん、船瀬俊介さん、ベンジャミン・フルフォードさん、篠原佳年さん、高島康司さん……などで、すべて私の親友です。これらの人たちは人間性のすばらしい人ばかりで、本当の正しい情報以外は絶対に書かないと思える方たちばかりなのです。

書店売りはほとんどしていませんが、この月刊誌「ザ・フナイ」で書かれてきたように、世の中が変わっていくせいか、最近は毎号とも売り切れてしまいます。確実に入手するには定期購読がいいと思います。いま、約1万3000部が定期購読者数です。

さらに、大事なことを100パーセント知りたい人は、「船井塾」に入ってください。船井塾では私が信頼する情報通の人びとの話や私自身の話を直接聞く機会を得られますから、さまざまな人脈網と情報網を得ることができます。

有料ですが、相応の価値があると思います。参加者には会社のトップの方が多いようですが、どなたでも歓迎です。船井塾へのお問い合せは、船井本社の重冨《しげとみ》までお問い合せください（TEL　03－5782－8110）。

これらの情報源を活用して、ぜひ、「知らない人」から「大事なことを知っている人」へと脱皮してほしいのです。それにより、今回の東日本大震災から1日も早く立ちあがろうではありませんか。また、正しく幸せに生きてください。

たとえばいま私は難病に苦しんでいますが、今月（2011年6月）4日から、私の友人の島博基医学博士（医師・兵庫医科大学名誉教授）の確立した量子医学の治療を始めました。これによってよくなる可能性は90パーセント以上あると思っています。

7月に出る彼の本『分子と心の働きを知れば本当の健康法がわかる』（パレード）をご一読ください。これは勇気ある医師の書いた本です。ともかく、3・11東日本大震災を機に、日本人が変わりはじめました。それには「宇宙の意志」すら感じます。それは第2章以下で説明しますが、マクロに3・11東日本大震災をつかんでください。この出来事は世の中を変える「きっかけ」であり、そうなったと思えます。

2

『聖書の暗号』が3・11大震災をはっきりと予測していた

1　「宇宙の意志」に従おう。大激変が来ても大丈夫

大震災の直前に書きあげた私の本『「包み込み」と「確信」が今後の決め手』（徳間書店）のひとつの結論は、「うまくいくはずだと確信をもち、そのうえですべてを包みこみ、そしてすべてを活かせば、ひとりの人生も、世の中の問題も、すべてうまくいきますよ」という量子力学的な結論でした。

しかし、近年の混乱した世界情勢を見るにつけ、現状の多くの人がお金やエゴ第一の感覚で、人智による秩序回復はいまのところ急速には不可能に近いようと思えます。

これらを見ますと、天災、人災はこれからますます増えていきそうです。そんなときに、ひとりひとりが「包み込み」と「確信」によってよい方向へむかうことに加えて、サムシング・グレートともいえる「宇宙の意志」に従って生きることが求められるようです。

そのような「宇宙の意志」に耳を傾ける方法を捜していて、最終的に私がたどりついたやさしい参考書が『聖書の暗号』と『日月神示』でした。さらに、私たちが「宇宙の意志」に従った生

き方ができなくなった原因を捜していて、得心のいったのが10年くらい前に知った「レプティリアン（爬虫類人）」の存在でした。『聖書の暗号』『日月神示』、そして「レプティリアン」——これらは、人類のこれまでとこれからを知るために欠かせないキーワードです。

これらがわからないと、これからさらに襲いかかってくると思われる大激変をどのように乗り切ったらいいのか見えてこない、と考えられます。それを、これから説明します。

さて、「宇宙の意志」を知るために、まず目をむけたのが『日月神示』でした。

考えてみると『日月神示』との縁は必然だったようです。

2005年の9月22日、この日はちょうど娘の誕生日だったので、何か本でもプレゼントしようと思い「八重洲ブックセンター」に立ち寄りました。するとそこで、日月神示研究家の中矢伸一さんの著書『日月神示　完全ガイド&ナビゲーション』（徳間書店）が目に飛びこんできました。

さっそく、その本を買ってきて読んでみたら、「これは私がもっとPRしないといけないものだ」と、はっきりと思ったのです。

実は、天啓を受けて『日月神示』を書いた岡本天明《てんめい》さんの夫人、岡本三典《みのり》さんとは昔からの友人であり、ときどき会っていましたから、『日月神示』そのものは知っていました。

フーチの達人の古村豊治さんから誘われて、岡本三典さんのいる北伊勢の至恩郷《しおんきょう》へ行ったこともあります。しかしまさにそのとき、神殿が火事になって燃えていたのです。

なにかフシギな縁を感じさせるタイミングでしたが、そのときは「これは自分には縁のないもののようだ」と考えて、『日月神示』には注目していませんでした。ところが、中矢さんの著述に行き当たり、読んでみたら「いやこれはすばらしい、気にいった」となって、もっと深く知りたくなったのです。

中矢さんとも特別な縁を感じました。

中矢さんは『日月神示』の研究を中心に、神道系の歴史、宗教、思想などについて独自に研究を重ねている方です。彼に会ってみると、自分の息子のような、あるいは同根の魂の持ち主のような感じがするのです。いまでは若い彼を尊敬し、親しくおつきあいさせてもらっています。

そのようなわけで、『日月神示』に関しては、私よりもまず中矢さんにその内容を紹介してもらったほうがいいでしょう。「ザ・フナイ」2007年10月号に掲載した「昭和に降りた大天啓」という彼の書いた記事の一部を次に引用します。

『日月神示』とは何か

戦況が悪化の一途をたどり、敗戦の色が次第に濃厚になっていた昭和19年6月。

千葉県印旛《いんば》郡台方（現・成田市台方）に鎮座する麻賀多《まがた》神社の境内末社、天之日津久《あめのひつく》神社に参拝した岡本天明（本名・信之）の身に、突如として異変が起こり、自分の意思に反して

正装した岡本天明。彼のもとに天之日津久神が降り、『日月神示』がこの世に顕された。そこには人々がどう生きるべきか、明確な指針が告げられている。

何か文字のようなものを書かされる、という不思議な出来事が起きた。後年、「日月神示」「ひふみ神示」「一二三《ひふみ》」と呼ばれる天啓の発祥である。

心霊学で言うところの〝自動書記〟現象であったが、当初は天明自身もさっぱり読むことができず、放っておいたという。やがて仲間の霊能者や神霊研究家など有志が集まって解読を進めるうち、そこに示された驚愕の全貌が明らかになっていく。

当時、日本は神国なりと固く信じていた軍人も多く、この神示の存在も噂で広がり、一時は陸軍内でも孔版《こうはん》刷りにしたものが回し読みされていた。神示の中には、日本は今回の戦争には敗れるであろうこと、その後に復興を遂げるであろうことが明確に示されており、終戦の際には、この神示を読んで自殺を思いとどまった者も少なくなかったという。

画家として類まれな才能を持ち、同時に優れた霊能者であり、卓越した古神道研究家でもあった岡本天明は、昭和38年、67歳でこの世を去っている。

全37巻・補巻一巻から成る日月神示は、天明没後、一部の神秘愛好家の間で読まれるに過ぎなかったが、1990年代に入ってから次第に世間から注目を集め始めた。そこには、たしかに日本が戦後に復興を遂げると示されていたが、やがてまた同じことを繰り返すとも記されていた。

日本は今度こそ二度と立ち上がれないと誰もが思うところまで落とされるが、その時に陰

千葉県成田市にある麻賀多《まがた》神社の境内にある、天之日津久《あめのひつく》神社。ほんの１メートルほどの小さな祠だが、1944年６月10日、この社の前で天明に初めて、天之日津久神の言葉が降りてきた。

に隠れていたマコトの「神」が表に現われ、かつてないスケールの大激変を通じてこの世の「悪」が清算され、万有和楽《ばんゆうわらく》（あらゆる存在がともに和し楽しむこと）の理想的世界「みろくの世」が顕現すると記されている。

その試練を乗り越えるために、人類はまず身魂《みたま》を磨かねばならない、と神示は告げているのだ。（「ザ・フナイ」２００７年10月号より引用）

１９４５（昭和20）年以来の世の中は、『日月神示』に書かれているように移り変わってきたように思います。やはり、中矢さんのいうように、これは「昭和に降りた大天啓」のようです。

さて、中矢さんと私はそのあと親しくなって、『いま人に聞かせたい神さまの言葉』（徳間書店）という共著を出しましたが、ちょうどその本をつくっているときに出版社の担当者から「船井先生や中矢さんのことが『聖書の暗号』から出てきましたよ。先生は経営の専門家として出ていますし、中矢さんは、『日月神示』を世の中に伝える人……となっています。これを解読したのが伊達巌《だていわお》さんです」と教えられました。

私はそれまでに『聖書の暗号』についても、伊達さんのことについてもまったく知りませんでした。しかし、いただいた資料を見てみると、たしかにある種の法則性をもって「フナイユキオ」「１９３３年１月10日（私の生年月日）」「経営」「コンサルタント」という文字がヘブライ語

Term	Translation	Skip	R Factor	(in Matrix)	Start	End
יוקיאו	Yukio	10285	–3.610	–1.081	Deuteronomy Ch 3 V11 Letter 20	Joshua Ch 2 V9 Letter 55
פונאי	Funai	–41139	–4.808	–2.279	Judges Ch 2 V18 Letter 16	Leviticus Ch 26 V17 Letter 21
התרצג	Year 5693	–61695	–3.552	–1.023	1 Samuel Ch 22 V2 Letter 53	Leviticus Ch 20 V18 Letter 21
יבטבת	12 Tevet	82283	–4.209	–1.680	Judges Ch 8 V6 Letter 2	Jeremiah Ch 30 V23 Letter 7
ניהול	management n.	–10278	–4.941	–2.412	Leviticus Ch 1 V8 Letter 7	Exodus Ch 15 V23 Letter 17
יועצ	consultant n.	–20575	–5.447	–2.919	Numbers Ch 15 V15 Letter 43	Leviticus Ch 8 V26 Letter 28

The ELS reference is 10285 characters between rows.
There are 6 displayed terms in the matrix.
The matrix starts at Exodus Ch 15 V 22 Letter 50 and ends at Jeremiah Ch 30 V 24 Letter 9.
The matrix spans 586306 characters of the surface text.
The matrix has 58 rows, is 61 columns wide and contains a total of 3538 characters.

筆者の名前「Funai Yukio」と生年月日の「1933年１月10日」「経営」「コンサルタント」をヘブライ語で入力すると、そこには「船井幸雄」の存在が浮かびあがってくる（データ解読＝伊達巌／『「聖書の暗号」の大事なポイント』より転載）。

の『旧約聖書』のなかに隠されているように思えたのです。

また、中矢さんに関しては、「ナカヤシンイチ」「1961年9月28日（中矢さんの生年月日）」「ひふみ」「神示」という文字が隠されていたのです。

『ひふみ神示』とは『日月神示』の別の呼び方のことです。

たしかに私は経営と経済についてはよくわかります。プロ中のプロだと思います。予測もほとんど外れません。その私は、いよいよ今年2011年秋から2013年にかけて、日米欧、中国などを含めて世界経済は国債の暴落、インフレ、金利高などによって崩壊の危機に瀕する可能性が高いといま（2011年6月中旬時点）思っています。

第1章で述べましたが、日本もピンチです。資本主義が近々につぶれるのもいままでは否定できません。『日月神示』の予測は日本中心ですが、いままでの実例から今後も当たる可能性が高いと思えるのです。

ここで話題をもとに戻します。

しかし、考えてみれば3000年以上前に書かれた『旧約聖書』に私や中矢さんの名前が登場するということを簡単に信用するわけにはいきません。そこで私は『聖書の暗号』について自分なりに調べてみました。それをまとめると、次のようになります。

いまをさかのぼること半世紀前のことです。チェコ出身のラビ、ヴァイスマンデルという人

Term	Translation	Skip	R Factor		(in Matrix) Start	End
שינאיצי	Shinichi	-10951	-1.940	0.908	2 Kings Ch 13 V10 Letter 60	1 Kings Ch 4 V5 Letter 5
נקיה	Nakaya	32845	-5.666	-2.817	2 Samuel Ch 19 V17 Letter 11	2 Kings Ch 20 V9 Letter 34
התשכב	Year 5722	14606	-4.207	-1.359	2 Samuel Ch 21 V1 Letter 70	2 Kings Ch 1 V17 Letter 7
יחתשרי	18 Tishri	-18251	-3.273	-0.425	2 Kings Ch 24 V8 Letter 65	1 Kings Ch 2 V22 Letter 2
היפומי	Hifumi	-7	-0.413	2.435	Isaiah Ch 5 V12 Letter 28	Isaiah Ch 5 V11 Letter 32
שינגי	Shinji	-7313	-3.636	-0.787	2 Kings Ch 10 V33 Letter 72	1 Kings Ch 18 V39 Letter 52

The ELS reference is 3650 characters between rows.
There are 6 displayed terms in the matrix.
The matrix starts at 2 Samuel Ch 19 V 16 Letter 49 and ends at Isaiah Ch 5 V 12 Letter 32.
The matrix spans 113203 characters of the surface text.
The matrix has 32 rows, is 53 columns wide and contains a total of 1696 characters.

中矢伸一「Nakaya Shinichi」と生年月日「1961年９月28日」、さらに「ひふみ」「神事」をヘブライ語で入力しても、やはりそのキーワードが等間隔で浮かびあがってきた（データ解読＝伊達巌／『「聖書の暗号」の大事なポイント』より転載）。

が、『旧約聖書』の最初の五書、いわゆるモーセ五書の文字を等間隔（スキップコード）で読むと、《トーラー》や《ヤハウェ》等の神聖な単語が現れることに気がついたというのです。
ラビとはユダヤ教の教師の資格をもつ人、トーラーは巻物のこと、律法のことです。そして、モーセ五書とは、以下のものを指します。
「創世記」（ベレシート50章）（Genesis）
「出エジプト記」（シェモース40章）（Exodus）
「レビ記」（ワイクラー27章）（Leviticus）
「民数記」（ベミドバル36章）（Numbers）
「申命記」（デバリーム34章）（Deuteronomy）
モーセ五書がなければ、ユダヤ教はもちろんキリスト教もイスラム教も生まれなかったわけですから、これらは三大宗教の原典中の原典です。
そこでバイブルコード、『聖書の暗号』とはどういうことかといいますと、たとえば「創世記」のはじめの部分で、50番目ごとに文字を拾いだしてみると、「トーラー（律法）」という言葉がでることに気づいたということなのです。
同じように等間隔で文字を拾いだすと、「出エジプト記」でも「トーラー」というコトバが出てきました。「民数記」でも同様の言葉が出てきました。「申命記」でも同様です。一方、「レビ記」では8文字間隔で「ヤハウェ」という言葉が出てきました。

ヴァイスマンデルはモーセ五書の全文のテキストを10字×10行、つまり合計100文字を1枚のカードに書きつづり、等間隔で文字を拾いだす方法で言葉を捜していったのです。そして、生涯をかけた地道な分析の末に、同様な数百のパターンを発見して、「『聖書』には第2のメッセージが隠されている」という説をはっきりと裏づけたのでした。

ところが、モーセ五書の総文字数は30万4805文字もありますから、どんなに根気強い人でも、手作業でひとつひとつの文字を等間隔で拾っていくには限界があります。

そこへ登場したのがコンピューターです。世界的な数学者であり、ヘブライ大学の数学者だったエリヤフ・リップスという人は、1990年代に入ってからコンピューターを使ってその問題を解決するのに成功しました。

リップスは「暗号が偶然ではない」ことを証明するため、イスラエルの優れた物理学者であるドロン・ウィッタム、そして学者であり暗号研究家でもあるヨアフ・ローゼンバーグらとともに、アメリカの「STATISTICAL SCIENCE」という数学の論文誌に「創世記における等距離文字列」という研究論文を発表しました。1994年8月のことです。

リップスたちはコンピューターを駆使して、古代から現代までのイスラエルの32人の賢者の名前と、それぞれの生没の日付を「創世記」のなかから捜しだしました。「等距離文字列法」(「スキップ・コード」ともいう）手法によって検索した結果、それらすべてのデータを発見することに成功したのです。

念のために比較書として、ヘブライ語版の『戦争と平和』でも同じ作業を試みましたが、そこからはただひとりの賢者の名前さえ、どのページからも見つけることはできなかったのです。つまり、『聖書の暗号』は、どんな本でも起きうるような偶然の産物ではないということなのです。

その作業の結果をうけてリップスたちは、「モーセ五書のなかに隠された情報は、99・998パーセントの確率で有意味である」「暗号化された情報が偶然に発見される確率は1000万分の1である」と結論づけたのです。

数学的な手順できちんと検証されているのですから、これは本当のことといえるでしょう。

私は、暗号解読者のひとりであるマイケル・ドロズニンさんの名著『聖書の暗号』（新潮社）を読みましたが、なるほど、世界で起きていることが『聖書』のなかに暗号として隠されているように思えます。

とはいえ最近のことについては、外れた予言もありますので、肯定も否定もしないでアタマのどこかに残しておくぐらいの存在としてとどめておきました。私や中矢さんのことが書かれていたという話も、伊達さんひとりだけの話ではあまり信用できないなと思ったのです。伊達さんには申し訳ありませんが、それがそのときの正直な気持ちだったのです。

ところが、2009年の2月のはじめにIT会社社長の稲生雅之さん（筆名イオン・アルゲイン）からも私のことが『聖書の暗号』中に何か所も出てくると教えられました。

ふつうなら私あての手紙類は100通のうち1通くらいしか私の目に入りません。手紙類が多く来すぎますので秘書がそうしているのです。しかし、稲生さんからの手紙は秘書が持ってきてくれました。

それによりますと、私のことばかりでなく、これからの地球や人類のことなども、いろいろわかるとのことでした。

次は、その稲生さんの手紙の要点です。

船井幸雄 先生

これから地球と地球人がどうなるかをまとめてみました。

現在の私たちの文明は、前文明の失敗を超えて発展する為に、文明の進展する方向が定められているように感じています。前文明の失敗内容と、その後の方向付けを知る事で、これから地球と地球人がどうなるかを考えてみます。

以前の世界には一つの重要な側面がありました。闇の存在です。ルーシュの内容をクリアにしないとはっきりしませんが、この世界は闇の存在を利用して人々の精神の成長を加速するシステムを作っていた可能性があるように感じます。善と悪に反応する強い感情がこの世界の特徴を際だたせ、精神の成長を促すようになっていた気がします。

今、闇の勢力の本体はこの領域を去り、その残滓《ざんし》を片付ける事が未来のすばらしい世界に繋がるとされているようです。残滓が消えると、悪を利用する必要が無くなり、今の価値観からはすばらしく平和な世界が訪れる事になると思います。その価値観に慣れると、人々はまた成長を求めて新たな世界を作り出す事になるように思えます。

①現在までの流れ

「冷凍した化石、死体が残されている前文明（ムー、アトランティス、レムリア）は、戦争と星状の物が地球に落ちたことで、その文明が人々と共に絶滅している。構造物は堅い物に撃たれて破壊されている。洪水も起きている。こうして、多くの人々は消えていった。この時地軸の移動が起きてハドソン湾にあった標準方位を示す北極点は移動する事になった。この頃の北極星はベガだったかも知れない（約1万2千～3千年前）。

この文明は頭部という言葉で表されている。クリスタルの頭蓋骨で代表され、不誠実な狂信的宗教、呪文が、その頭部と共に使われていた」

以上前文明のコードより

前文明の問題は不誠実な狂信的宗教、呪文でした。これらにより地軸が移動するほどの大混乱を引き起こし、滅亡に至っています。この時の恐怖が現在に生きる私たちの心の底にあるので、この恐れを利用して人を動かそうとする力が働きやすいのだと思います。恐れとは戦争であり、天変地異であり、地軸の移動であると思っています。

前文明の崩壊後、再び文明化し始める人々に、狂信的宗教、呪文に対応する為に、新しい宗教が旧約聖書を通じて準備され、この世界に広められました。

この旧約聖書の伝達に続いて、キリスト教とイスラム教が、似たような手法でこの世に送られました。闇の勢力の浸透を許し、この対立を利用する事で、ある意味呪文や儀式への狂信を防ぎ、前文明の残滓の宗教と思われる生け贄を捧げる宗教を、この世界より無くす事が出来たのではないかと思います。この部分はまだ想像です。

2007年4月になってサブプライム、CDS問題が顕在化しました。闇の住み家である大資本の毀損が避けられなくなった点で、光と闇の戦いの勝敗分岐点です。あの世では光が優勢となり、分る人たちが日月神示にある終末の時代の終わりと表現されるほどの変化が起きています。闇の本体がこの世界を去った事が明らかとなりました。

②現在の地球環境

太陽には双子星として伴星があり、目に見えない暗い星が25920年の歳差運動周期で回っています。この星は現在下降中で、その運動は2015年に反転します。

地球環境は長期周期で温暖化と寒冷化を繰り返します。伴星による歳差運動で、25920年の長周期で自然に変化している。そこに加えて人々の経済活動が環境を破壊して温暖化を引き起こします。また暴走するかも知れない。そのうちには寒冷化し落ち着くことになるかも知れません。

温暖化の危機はこれから具体化します、私たちはこの現実に対応する事になります。

（略）

（まとめ）闇の勢力がこの世界を去った事により、地球は2015年頃を境にして今までの利己的社会を利他的な社会に変えて行くようです。人々は、精神、意識が拡張し、愛と創造の存在となる中で、多くの力を出せるようになります。

稲生さんは彼独自の暗号解析のノウハウによってこれらのことを知ったようです。

私は本来、人の運命がすでに決められている、という考え方は好きではないのですが、彼が『聖書の暗号』から読み取った内容には正しいと思えるところがたくさんありました。

そこで、彼に来ていただき、3か月間ほどかけて集中的に『聖書の暗号』について勉強させてもらいました。おかげで、『聖書の暗号』については非常に詳しくなったように思います。

その勉強の過程でわかったことのなかで一番びっくりしたのは、『聖書の暗号』に「『日月神示』が大事だ」と書かれていたことです。3000年以上前に書かれたとされる『旧約聖書』の暗号に『日月神示』のことが書かれているのですから、びっくりしたのです。

『聖書の暗号』と『日月神示』がつながったことには重要な意味がありそうです。また、その後の暗号解析によって進んだことで新たなこともわかってきました。

それらのことについては、本書内であとで解説したいと思います。

2 3・11大震災は『聖書の暗号』に予言されていた

『聖書の暗号』の解析では、特定の単語が『聖書』に隠されているかどうかを検索していくため、まったく予想外の出来事については、事前に解析できないことがあります。東日本大震災がまさにそうでした。しかし、地震のすぐあとに稲生さんが検索をかけたところ、この地震に関する解析結果が出てきました。それは地震兵器の使用を示唆するものです。

稲生さんのホームページ（http://www.biblecode.jp/）から、地震についての解析結果をいくつか転載します。

（3月12日発表の解析結果）

日本の東北の太平洋、中国、ロシア、東海地方で地震が起きる可能性があった。地震は分散されているプレートの動きからの蓄積されたひずみによる物である。避けられない道であった。精霊が調整したが、気象兵器が邪魔をした。

津波による被害がある。北海道の石狩川に行っていたかも知れない。

アメリカの支配者により、アラスカのオーロラ施設からの電磁波で、エネルギーを移送している。太陽風の増大に合わせて、宇宙からの大地への電流を局地的に増やしていた。月の接近による潮汐力の増大も利用している。スマトラのように。

市場の下落から利益を得ようとしている。株と国債などである。戦争も求めている。

この地震には原子力発電所のリスクを警告する意味がある。


（3月16日発表の解析結果）

ヤマト魂の人々に未来への転換、意識の対応を促している。お互いに信頼し、協力し、助け合うこと。勇気を持つことだ。

食糧、石油など燃料の不足、流通の混乱は、この先の海面上昇、市場、環境の変化に対する解決の経験になり、例になる。

新しい季節への対応、農業と産業への対応である。メタンハイドレートやフリーエネルギーも関係している。海辺の低地のリスクを知らせてもいる。

公正、平和にもつながる転換の時である。

この地震は2倍（M9）6倍（M9・3）の可能性があった。燃料棒溶融、炉心溶融などで放射能が漏れる可能性が高い。


この解析結果によると、ベンジャミン・フルフォードさんや飛鳥昭雄さんのいう、闇の勢力が地震兵器によって今回の地震を起こした……という説と同じ内容が『聖書の暗号』の予言にも存在していたことになります。

ちなみに、炉心溶融（メルトダウン）については、この解析が発表されたときにはわかっていませんでしたが、実際にはそれが起きていたので、解析は当たっていたことになりそうです。また、マグニチュード（M）は当初、8・8と報じられていましたが、後に9と修正されましたから、「この地震は2倍（M9）6倍（M9・3）の可能性があった」というくだりは、そのことを意味しているので正しいようです。

解析結果から考えますと、この地震には、これから世界が迎えることになる天災や人災による大激変に備えて、日本人の意識を高める意味も世の中を変える意味もあるようです。

稲生さんによると、『聖書の暗号』には、2014年以降に世界的な海面上昇の危機が予言されており、そのときには津波と高潮をともなうようです。それが本当なら、日本人は今回の経験からそれに対して十分に備えることができそうです。

なお、『聖書の暗号』によると、東南海地震については2013年以降にその可能性が出てくるもようですが、いまのところたしかなことはいえないようです。

いずれにせよ、日本に住むかぎり大きな地震は避けることはできません。しかし、その被害を小さくすることはできます。東日本大震災の教訓を活かすことが、いま生きている私たちの責任であると思いますし、『聖書の暗号』もそのことを伝えているようです。

3 『聖書の暗号』と「闇の勢力」の存在

「予言など信じられない、ましてや3000年以上前に書かれた『聖書』に現在のわれわれのことが暗号として予言されているなんてバカげている」

そんなふうに思う方も少なくないでしょう。私もそのひとりでした。

そこで、なぜ『聖書の暗号』を、「これは本当のことのようだ」と思うようになったのか、そのいきさつについて書いておきます。

さきほども触れたとおり、『聖書の暗号』は、はじめ伊達巌さんの研究を通してその存在を知り、その後、マイケル・ドロズニンさんの『聖書の暗号』（新潮社）を読んだり、インターネットを活用して調べたり、稲生さんとの集中的な勉強をへて、それが正しいようだという結論に達したのです。

それをひとことでいえば、『聖書の暗号』に秘められたメッセージは少なくとも1995年までは100パーセント正しかったといえそうだ、ということからです。

『聖書の暗号』については、「あとづけの説明で何とでもいえる」といった批判もありますが、マイケル・ドロズニンさんによる「イスラエルのラビン首相暗殺」の予言など、未来を的確に当てているケースが多いのです。

ところが、その『聖書の暗号』による予言も1996年からは少しずつ外れはじめ、マイケル・ドロズニンさんの「2006年に原爆によるホロコーストが起きる」という予言解析も外れてしまいました。とはいえ、「いまでも90数パーセント以上は正しいようだ」と考えています。

そして、今後に関しては、暗号の予言は私の直感と経験から次のような結論になります。

①いまの経済恐慌は、簡単に回復するようなものではなさそうだ。資本主義は近々、つぶ

れそうだ。

②第3次世界大戦の可能性は高いが起こらなくすることができそうだ。

③これから一時期、大困難の時代が来るが、その後はすばらしい時代になりそうだ。

これは『聖書の暗号』から得た多くの情報から総合的に考えて導きだした私なりの結論です。

さて、『聖書の暗号』から短期間でここまでの情報を知ることができたのは、稲生さんの解析によるところが大きいといえます。

暗号として隠された言葉を捜すときにはコンピューターを使いますが、それには膨大な時間が必要であり、以前は3~5個のキーワードを検索するのに3日から1週間もかかるのがふつうであったと思います。

ところが、ITの「超プロ」である稲生さんが独自に開発したシステムでは、非常にスピーディーに検索を行うことができます。これは『聖書の暗号』の研究における画期的な技術革新だといえると思います。

『聖書の暗号』を本格的に勉強されたい方は、稲生さんの本『聖書の暗号は読まれるのを待っている』（徳間書店）や『聖書の暗号はこう言っている　2015年までの経済大激変』（ヒカルランド）を読んでください。参考になると思います。

これらはキリスト教があまり普及していない日本だからこそ本にできたようです。稲生さん本人は英語版の出版を希望しているのですが、私は「やめたほうがいいですよ」といっています。欧米で出版すれば彼の生命が危ないと思うのです。

ただ稲生さんの場合、解釈の面で私と違うところが多少はあり、彼の導いた結論と私のそれとは少し異なっていることをここで述べておきます。

たとえば、稲生さんの解析では「2014年に尖閣《せんかく》諸島で世界を巻きこむ戦争が起きる」とされており、彼の本にもそのことが書かれています。その後、2010年の中国漁船衝突事件が起きてその予言にも信憑性《しんぴょうせい》が出てきましたが、常識的に考えて、数年後に尖閣諸島で世界戦争が起きることはない、と私は考えています。

私は、常識的に本気で考えれば予測は必然的に当たるものだと思っています。これまでは私の予測は90数パーセント以上は当ててきたのです。そういう観点で、尖閣諸島での戦争勃発はありえないと考えているのですが、昨今は常識が通じない世の中になってきているのも事実であり、私の予測が間違ってしまう可能性もあるでしょう。

ただ、いずれにせよ、『聖書の暗号』の予言はいまではひっくり返すことができることがわかっています。その手法も『聖書の暗号』に出ていたのです。たとえ、3000年以上前から尖閣諸島で世界戦争が勃発することが決められていたとしても、いまでは私たちの力でそれをくつがえせるのです。

いったいそれはどういうことなのか？

そこを理解するには、『聖書の暗号』はそもそもだれがつくったのか？ という根本的な疑問を正しく知っておく必要があります。その疑問への答えを『聖書の暗号』そのもののなかに見出したのも稲生さんでした。

彼の著書の『聖書の暗号は読まれるのを待っている』に、私が書いた序文にそのことを端的にまとめています。次にその一部を抜粋紹介しましょう。文中で「Iさん」とあるのは稲生さんのことです。

> なぜか「ムー」文明に惹かれてきた
>
> さて、Iさんはまず、聖書の暗号を残したのは誰なのか、そのことをはっきりつきとめてくれました。本書に記されています。それは私には「なるほど」と思うことでしたが、きっと多くの読者諸兄は驚かれるに違いありません。
>
> 今のアカデミズムでは、ムー、レムリア、アトランティスというような前文明の存在は認められていません。今回Iさんは、これらの前文明の存在が聖書の暗号に隠されていたのを彼の研究によってつきとめ、それらは明らかに存在していたようだと言っています。

私は過去はどうでもよい。今のこの人生と未来が大切なのだという人間です。しかし、なぜか「ムー」という前文明のことだけはどうにも気になって仕方がなかったのです。そこでムーに関するあらゆる文献・情報を収集してきました。私にもし前世があるのなら、きっとムーの時代に違いないというヘン(?・)な確信があったくらいです。

Iさんの研究では、聖書の暗号によると、私の今世にもっとも関係のあるルーツはムーにあったと出てくると、言っています。「やはりムーだったのか」。私のムーに対する直感は正しかったような気もします。同時にムーに対するもやもやも一応私の心のなかでは氷解したと思っています。

ムーといえば日本人と非常に関係が深い。私はムーはかつて日本の沖縄近傍にまで国土(?・)があったようだと思っています。Iさんの聖書の暗号の解析結果でもそうなっているのです。

悪のコードと愛のコード

なぜムーが聖書の暗号に記す必要があったのか。それは本書の解析を順を追って見てください。そのストーリーは事実の可否は別にして本当にワクワクするものでした。ちょっとだけ触れます。

聖書の暗号には闇の勢力が残した「悪のコード」と、ムーの最後の王ラーマなどがそれに上書きした「愛のコード」の両方が含まれていたようなのです。

ムー文明の崩壊は巨大彗星の落下によるものと暗号には出てきます。その際ムーの最後の王であったラーマや科学者でもあった次の王の予定者たちが、その彗星を回避しようとしていたのですが、闇の勢力ともいうべき悪の側がその彗星のデータを改ざんしたため、地球への激突が起こってしまったというのです。闇の勢力は、愛の文明に向かおうとしていた地球人をいったんほぼ全滅させ、改めて闇の勢力による、闇の勢力のための、闇の文明を築こうと画策していたというのです。

ムー文明はあの世、ニルバーナにあるアカシックレコードのプランに従って発展していました。闇の勢力はそれを書き換え、悪のプランによって、次の文明の簒奪を図ったというのです。そのためにヘブライ語の聖書を作り、(自分らの計画達成のために)人類の指針となるように人類に与えることにしました。それをムーの崩壊直前に察知したムーの王たちが、彼らの人類完全支配の計画書である聖書(の暗号)に、愛のバイブルコードを上書きしたということだったのです。これはありうる話ですね。ここが大切なところなので、Iさんの解析結果をみなさんで詳細に検証してみてください。

これは、悪のコードと愛のコード、この2つのせめぎあいの中で、人類が実はより早く愛の文明に目覚め、愛の文明にシフトするだろうとの創造主の大きな計画の一環でもあったように思います。

「善悪抱き参らせて進む神の道」を説く日月神示と同じです。この世とあの世が反響しあって、人間が現実の社会を作るというコンセプトも全く一緒です。

このように考えた時、ムー、日月神示、聖書の暗号――この3つが見事に私の脳裏で合体しました。長年経営コンサルタントとして、この世の仕組みを知ることに全精力を傾けてきましたが、この3つがつながっていることに思い至ってはじめて、体系的な納得できる答えを知ったのでした。(『聖書の暗号は読まれるのを待っている』徳間書店から引用)

どうやら『聖書の暗号』における不穏な予言の正体は、闇の勢力が書きこんだ「悪のコード」のようです。

私は、闇の勢力の正体は、この後で紹介するデーヴィッド・アイクさんのいう「低層四次元に潜むレプティリアン(爬虫類の姿をした異星人)」だと思います。この説をすんなり受け入れられる人は少ないでしょうが、『聖書の暗号』の「愛のコード」にはっきりそう出ているのです。

第一人者のマイケル・ドロズニンさんが『聖書の暗号』の製作者を検索したときにも「alien(異星人)」というキーワードが出てきていますし、私が伊達さんにお願いして、「レプティリアン」「人類」「影から支配する」という語で検索してもらったときにも、びっくりするほどスムーズにそれらの語句が検出されました。

どうやら、「レプティリアンが人類を操作して支配するために」というのが『聖書の暗号』に記録されているのは間違いなさそうです。これは「愛のコード」です。

しかし、１９９６年ごろから『聖書の暗号』が外れはじめたということは、そのレプティリアンたちが力を失ったか、地球からいなくなったことを意味していると思われます。

私はこれらが正しい事実だと思うのです。

稲生さんの解読でも「レプティリアンは１９９８年に地球を去った」と出てきます。何年に去ったか、という部分は私の考えと少し違うのですが、いずれにせよ、１９９０年代の後半に彼らが地球を離れたという解釈で間違いなさそうです。

では、レプティリアンたちが地球を離れたことで、今後の世界はどう変わっていくのでしょうか？

これから、闇の勢力の残滓であるまだ活躍中の人間たちと向かいあって、彼らに改心してもらわないといけないようです。

闇の勢力の本体であるレプティリアンが去ったあとも、残滓たちはイルミナティとかフリーメーソンや悪魔教徒として隠れて活躍しているようですし、ロスチャイルドやロックフェラーといった有名な財閥の人びとや英国やベルギーの王室、ヴァチカンなどもその一員（？）とさえいわれているのです。今年のビルダーバーグ会議が先週（6月10日）にスイスで幕を閉じましたが、ここに出席していた人たちが主要メンバーだともいわれています。

そう考えてきますと、彼らが支配してきた資本主義のしくみは闇の勢力の人類支配の道具であったといえます。そして、資本主義の本質は愛とは正反対のエゴと搾取《さくしゅ》ですから、やはり、これから消えていくだろうと思います。

また、『旧約聖書』から生じた宗教は、その闇の勢力の残滓とともに滅びる運命にあるのではないでしょうか。「愛のコード」にそう書かれていることが稲生さんの解析でわかってきました。ムーの時代にわれわれがやり残したことは、愛の文明の構築ですから、いま愛の文明の構築ができなければ、ムーの末期と同じようになってしまう可能性があります。

闇の勢力に属する人びとは今後もしばらくは「悪のコード」の成就に力を注いでくるでしょう。たとえば東日本大震災も彼らのしわざのひとつかもしれません。そこで、それをくつがえすための「愛のコード」を知ることが必要となります。

『聖書の暗号』はその99パーセント以上が「悪のコード」であり、ムーの最後の王であったラーマらが書いた「愛のコード」は100件くらいしかまだ見つかっていないのです。そして稲生さんの解読によると、どうやら私は前世において「愛のコード」の作成に一役かっていたようです。はっきりと出てきます。

それが本当かどうかを判断する術はいまはありませんが、そう考えますと、私がムーに対して郷愁に近い思いを抱いていたり、『聖書の暗号』のなかに私の名前が何か所も出てきたりすることについても説明がつくのです。特に「愛のコード」はすぐにわかり、なつかしくて仕方がないのです。

今世における私の役割は、ムーのときにできなかった「人類が愛の文明を構築すること」に関係があるような気がします。そしてもしかすると、それをやらせたくない闇の勢力が念力で私に襲いかかってきた結果が、非常識な発想ですが2007年から続く私の体調不全のような気もします。

いずれにせよ、「愛のコード」は闇の勢力の支配から地球を解放する鍵となりそうです。その内容については本書の第5章で述べたいと思います。

4　『聖書の暗号』について特に大事なこと

ここで、『聖書の暗号』について現時点でわかっていることを、まとめておきたいと思います。

ちょうど、拙著『2011年からの正しい生き方』（ヒカルランド）に、伊達さんと稲生さんからの情報などをまとめたものがあります。すでに触れた内容と一部重複する部分もありますが、ほぼそのまま転載します。これは最重要なことといえます。

①「聖書の暗号」をコード化したのは高度な知的レベルに達していた異星人らしい。

②もちろん「聖書」を創ったのも、①の異星人らしい。

③「聖書の暗号」には、人類を脅し、人類によくないことが起こるのを教える「悪のコード」と、その逆に人類に希望を与え、悪いことへの対処法を教えてくれる「愛のコード」の2種類がある。この「悪のコード」は①、②で述べた異星人によって創られたと思われる。

④一方「愛のコード」はムーのさいごの王の「ラーマ」らによって、ムーが海に沈む直前に急遽、付加されたコードだと思われる。100件くらいしかないと思われるが、ラーマらはこれだけを付加してほとんどが海中に没したようだ。

⑤「聖書」や「悪のコード」を創った知的レベルの高い異星人は、現在の人類を完全な彼らの思いのままになる奴隷的存在にするために、このような行為をしたと考えるのが至当であるようだ。

⑥「聖書の暗号」については、3人のイスラエルの科学者、ドロン・ウィッタム、エリヤフ・リップス、ヨアフ・ローゼンバーグによって、「創世記における等距離文字列」という

題名で、1994年にアメリカの数学学術誌「STATISTICAL SCIENCE」の8月号の429〜438ページに発表された。その正当さについて当時の同誌の編集長のロバート・E・カス博士（カーネギー・メロン大学教授）は、つぎのように述べている。

「論文の審査に当った専門家たちは困惑した。創世記に現代の時代の個人に関する意味ある情報が収められていようとは、とても信じられないからである。しかしわれわれは論文の執筆者たちの念入りな分析と検証を受け入れ認めざるをえなかった」と。事実、この論文が発表されてからいままで、十数年経つが、反論は誰からも出ていないのである。
⑦われわれ人間は、まだ知的にも意識的にも不完全なので、サムシング・グレートの管理下にあると思われる。それは人類全体も個々人についてもニルバーナに存在すると言われているアカシックレコードの記録の意味を知れば分かるようだ。
それは、いまより約2万6000年前から西暦6732年までの分があるようだ。
⑧①、②で述べた異星人やムーの最高位の神官、あるいは国王クラスのエリートは、アカシックレコードを読むことができたと思われる。
⑨ムーには、人類とともに①、②で述べた異星人も同居していたようである。
⑩この異星人たちは西暦2000年ごろ（ちょうど、いまの時代）を目途に人類を完全に彼らの傘下に入れるとともに、アカシックレコードの書き換えまでも目標にしていたようであ

る。

⑪しかしサムシング・グレートにより命令され、この異星人たちは１９９０年代後半に地球域から半強制的に立ち去らされたもようだ。賢明な彼らはそれらの事情を充分に納得して、地球域から去ったようである。

⑫いま地球では、この異星人たちに洗脳された一味の人間が、さいごのあがきをしている。俗にフリーメーソン、イルミナティなどと呼ばれ「闇の勢力」とも言われている人たちだが、彼らの力も急速になくなると思われる。すでになくなりつつある。

⑬２０１１年10月28日（前後）までは、サムシング・グレートが人類を完全に見守ってくれているようだ。この日は「聖書の暗号」にも、もっとも大事な日と出てくる。

⑭２０１１年10月29日（前後）からは、正しい考え方と行動のできる人たちの考えるような地球、あるいは地球人に、おそらく地球世界は急速に変わるようだ。

⑮２０２０年ごろ、おそくとも２０２５年ごろまでには、人類は、エゴと金銭から解放されたすばらしい種族になり、すばらしい世の中をつくりそうである。

⑯いまの資本主義は近々崩壊するようだ。資本主義的発想で言うと、これからの景気はよくならないだろう。ＧＤＰ信仰も、役に立たなくなるだろう。

⑰いままで「聖書の暗号」として具体的に表出してきた事実の99・９％は「悪のコード」によ

るもののようである。これらは、良い世の中づくりをストップさせるためのものと言える。

具体的には、つぎのようなものがある。（以下日本についての事例を中心にあげてみる。これらは、みんな「悪のコード」といってよい）
○１６８７年　ニュートンの万有引力仮説（現在、これは、重要なまちがいのあることがわかっている）
○１８６７年　坂本龍馬の暗殺
○１９１５年　アインシュタインの相対性理論仮説（現在、これも、大事な点でまちがいのあることがわかっている）
○１９４５年　日本への原爆投下
○１９６３年　ケネディの暗殺
○１９９５年　阪神・淡路大震災
○１９９５年　地下鉄サリン事件
○２００１年　小泉首相の登場
○２００２年　鈴木宗男の逮捕
○２００４年　植草一秀事件
○２００８年　リーマンショック

○2008年　秋葉原無差別殺傷事件
○2010年から15年にかけての尖閣諸島事件やイラン、イスラエル事件。
○2011年　東日本大震災
⑱「アカシックレコード」や「聖書の暗号」の存在自体の合理性は量子論で解明できる。
⑲今後の人類の正しい生き方は「聖書の暗号」によると「日月神示」に詳述されているという。そこには今後の変化と対処法も書かれていると考えてよさそうだ。
⑳「聖書の暗号」の分析ソフトを見つけるのはユダヤ人。しかし正しく解析するのは日本人のようである。
㉑「聖書の暗号」についての大事なポイントは拙著『「聖書の暗号」の大事なポイント』(2010年9月　ヒカルランド)と本書に、大要がまとめられている。

これからの地球人類の行く末を考えるうえで特に重要そうなのが、⑭番⑮番⑯番⑲番だといえそうです。

特に対処法として、「⑲今後の人類の正しい生き方は『聖書の暗号』によると『日月神示』に詳述されているという。そこには今後の変化と対処法も書かれていると考えてよさそうだ」に注目してほしいのです。

5　人類を支配していたレプティリアン（？）たちは地球から去っていった

過去とこれからの人類史の鍵を握っているレプティリアンという存在について、もう少し詳しく触れておきましょう。多くの人はこのことに疑問を持たれると思うからです。

日本で一番レプティリアンについて詳しかったのは評論家の太田龍さんでした。２００９年に亡くなられましたが、私の友人であり、非常に鋭い視点の文明評論をされる方でした。

彼の説明によると、レプティリアンとは、国際金融資本のなかに巣くう「ロスチャイルド、イルミナティ、フリーメーソン」といった秘密結社の奥の院に鎮座して、人間社会のリーダーたちを操ろうとしていた存在自体のことであるようです。

彼はレプティリアンを「爬虫類人型異星人」と表現していました。それは、デーヴィッド・アイクさんの研究が基礎になってのことです。そして、そのアイクさんの研究の基礎はゼカリア・シッチンさんの「地球年代記（アースクロニクル・シリーズ）」にあります。

シッチンさんはシュメール文字が読めたので、シュメールの古文献を研究して、「人類は45万年前に地球にやってきたアヌンナキという異星人が、遺伝子操作によってつくった存在だ」という研究を発表しました。この本は世界中でベストセラーになりました。人類はアヌンナキの奴隷

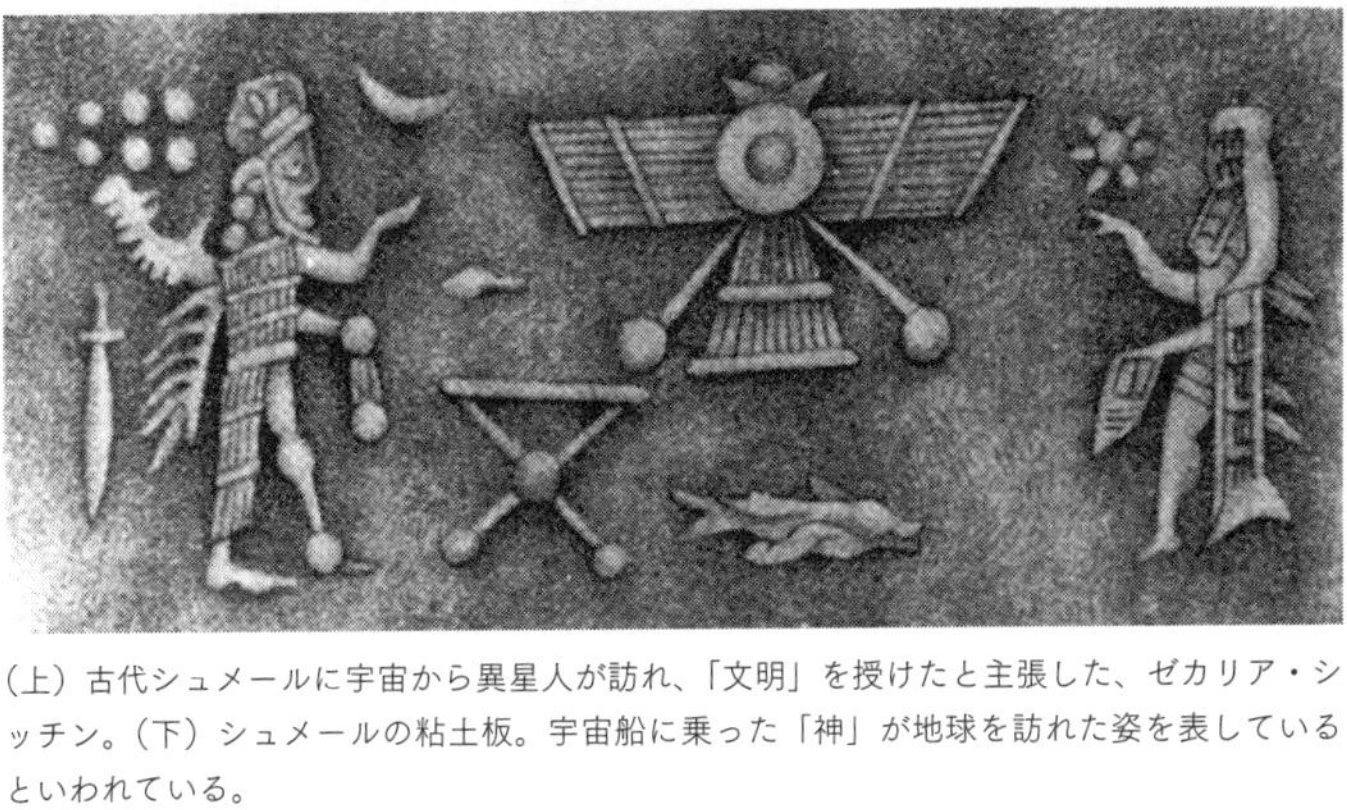

（上）古代シュメールに宇宙から異星人が訪れ、「文明」を授けたと主張した、ゼカリア・シッチン。（下）シュメールの粘土板。宇宙船に乗った「神」が地球を訪れた姿を表しているといわれている。

労働者としてその存在を開始したというのです。

シッチンさんは「『聖書』の神々とはアヌンナキのことだ」としています。そして、地球の四大文明はそのアヌンナキと地球人類の共同作業によるものだというのです。

アイクさんはそのアヌンナキの正体がレプティリアンだと考えたようです。

地球でいう爬虫類が進化して知性生物となったレプティリアンは、高度な文明をつくり、数十万年前に地球に飛来。彼らは地球上の原始人を使役して、地球人と混血し、やがてシュメール、エジプトなどに最初の文明を打ち立てたという考えです。

そのときから現在まで、レプティリアンとその血統の地球人が「秘密結社エリート支配階級」となって人類を家畜人として管理統制してきた、というのがアイクさんの説です。

アヌンナキばかりでなく、世界中の宗教の神々の多くがレプティリアンの姿（この場合は竜、あるいは蛇）をとっていることをアイクさんは指摘します。

たとえば、中国の歴史では最初の人間は半人半竜の古代の女神によって創造された、とありますし、中米のケツァルコアトルは蛇神として知られています。また、初期グノーシス派キリスト教の伝承でも蛇とイエスを同一視していたといいます。さらには、メソポタミア文明の遺物としてレプティリアンをかたどった像が出土しているほか、レプティリアンと人間が混血したことを示す絵もたくさん描かれています。

私もかなり調べましたが、やはり、彼らレプティリアンがムー文明を崩壊させ、「悪のコード」を埋め込んだ『旧約聖書』を作成して人類コントロールの武器に仕立てあげた張本人のように思えてなりません。これも仮説ですが、ほとんど間違いないように思います。

しかし、その彼らもその後、目に見える世界からは姿を消して低層四次元に潜み、世界の主だった支配層にレプティリアンとの混血の人たちを中心にすえて、人類を影からコントロールしてきたように思えます。

世界的ベストセラーとなった『神々の指紋』という本で有名なグラハム・ハンコックさんが指摘してくれていることでは、南米のシャーマンたちは「アヤワスカ」という植物を飲んで異次元に意識を飛ばすと、そこでレプティリアンと会うことが多いようです。この話はこのアイク説と関係しているように思えます。

また政財界の支配者のなかには、レプティリアンにシェイプシフト（変身）して、その本来の姿を現す者もいるということで、その目撃談も少なくないようです。亡くなったダイアナ妃もその目撃者のひとりだといいます。アイクさんの本には、ダイアナ妃が英国の王室の人びとのことを「トカゲであり爬虫類人である、彼らは人間ではない」とお付きの人にいっていたということが書かれています。

このほかにもアイクさんの本には、イギリスのある首相が爬虫類人に変身するのを目撃した女性の話などが出てきます。

　アイクさんの本から、世界の主要国の支配者とレプティリアンの関係について書かれた部分を念のため一部引用して紹介しておきます。


　彼ら（宇宙からやって来た爬虫類人）は、人間の姿を取って現われることによって、この地球という惑星のハイジャック（乗っ取り）を仕掛けた。この作戦はクロスブリーディング（異なった種を交配して雑種を作る）計画を含む。これによって、人間と爬虫類人の雑種（混血児）の血統が生まれる。彼らはこの雑種人を通じて、より低い第四次元から作戦行動を取ることが出来る。第四次元の爬虫類人は、あたかも遺伝子のオーバーコート（外套《がいとう》）をまとうかのように、人間の肉体をまとう。そして一つの肉体が死亡するとき、爬虫類人は、別の肉体にその「棲み家」を移動させ、彼らの行動日程を次の世代へと継続させる。

　私は幾つかのことを強調しておきたい。イルミナティ、世界の方向をコントロールしているこの一味は、数千年数万年以前から爬虫類人的異星人種と地球人類との間の、人種間交配の結果生まれた、遺伝的混血種である。権力の中核は、この次元でさえない。彼らは第四次元の下層、多くの人びとはそれをアストラル（霊体）下層と呼ぶが、伝説と神話ではそれは〝デーモン（悪魔霊）〟の伝統的な棲み家とされている。そのような場所に存在する、これらの第四次元爬虫類人は、前記のような混血種を使って活動する。なぜなら、この両者は、互換的な波動を有しているかである。そのために、ヨーロッパの王室と貴族の家系は、アメリカの指導者を生み出すいわゆる米国の東部エスタブリッシュメントの家系との婚姻関係を維持することに驚くべき執念を注ぐのである。

一七八九年、初代ジョージ・ワシントンを含む、すべての米国大統領選挙での当選者の大部分は、ヨーロッパ王室の血統である。ビル・クリントンに至る四二人の米大統領のうち三三人は、血統的には二人の人間、すなわちイングランドのアルフレッド大王と、フランスのもっとも有名な王である、シャルルマーニュにつながっている。権力の地位に就いている人びとはすべて、同じ部族《トライブ》に属しているのである！（『大いなる秘密「爬虫類人(レプティリアン)」』三交社より引用）

アイクさんの考えるレプティリアンによる支配の構造を図にすると121ページのようになります。これは世界をコントロールしている闇の勢力と呼ばれる存在を説明するものとしてひとつの仮説ですが、真実に近いものだ（?）といえそうにも思われます。

ただし、『聖書の暗号』が示すところから、私はすでにそれが闇の勢力の本体であっても、レプティリアン（アヌンナキ?）は地球を去ったものだと考えています。最悪の場面でも、この図の②や③にあたる人々が闇の勢力の残滓としてその権力を維持することに躍起になっている、というのが現状というところでしょう。

ともかく、常識的ではないが、こんな考え方があり、それを100パーセント否定はできないな……と思っているのです。

6 『日月神示』は特に日本人の指針となる

私が『日月神示』に強い関心を寄せているのには3つの理由があります。

ひとつめは、伊達巌さんと稲生さんによる『聖書の暗号』の解析から、「これからよい世の中をつくるには日本人が大事だ」、また「『日月神示』がそのポイントを示してくれている」と読みとれるからです。

ふたつめは、『日月神示』を書記した岡本天明夫人の岡本三典さんと私自身が親しくつきあっていたからです。三典さんとは何か深いご縁がある気がします。それについては、『2011年からの正しい生き方』(ヒカルランド)に少し詳しく書いたので、ぜひそちらも目を通してみてください。

3つめは、『日月神示』の解説と普及の第一人者といってもよい中矢伸一さんと私は特に親し

①爬虫類人的異星人

↓

②人間の外面をした異星人

（異星人の血統の地球人）

↓

③異星人の血統ではないけれども、

その制圧下にあるエリート人間

↓

④シープ・ドッグ（羊を監視する犬）

＝人類の５パーセント

↓

⑤羊の大群としての一般人

＝人類の95パーセント

レプティリアンによる地球支配の構造を図にしたもの。これは同時に、闇の勢力による地球支配の構造とも重なっている（『大いなる秘密「爬虫類人（レプティリアン）』より）。

いからです。彼は私と同根の魂の持ち主という気がするくらいです。それくらい彼にはフシギなほどに親しみを覚えるのです。

ともあれ、これから起こる大激変を上手にのりこえ、よい世の中をつくるための鍵が『日月神示』にあることは間違いないような気がします。

さて、その『日月神示』は竜神からのメッセージとされています。

『日月神示』を伝えた艮《うしとら》の金神《こんじん》という神さまは、始めから終わりまで生き通しの神であり、肉体をもって活動をしていると書かれており、その肉体の形が竜だというのです。日本列島がその肉体だというのです。そして、天の竜神と地の竜神が結ばれて人間が生まれたとあります。

次は、そのことを書いた神示です。

「日本の国はこの方《ほう》の肉体と申してあろがな、どんな宝も隠してあるのざぞ、神の御用なら、何時でも、どんなものでも与えるのざぞ、心大きく持ちてどしどしやりてくれよ」

また、聖徳太子編纂の書といわれる『先代旧事本紀大成経《せんだいくじほんぎたいせいきょう》』には、神武《じんむ》天皇以来数代にわたる天皇の姿が半人半竜の姿、つまりレプティリアンと人間との混血的存在（？）として描かれています。

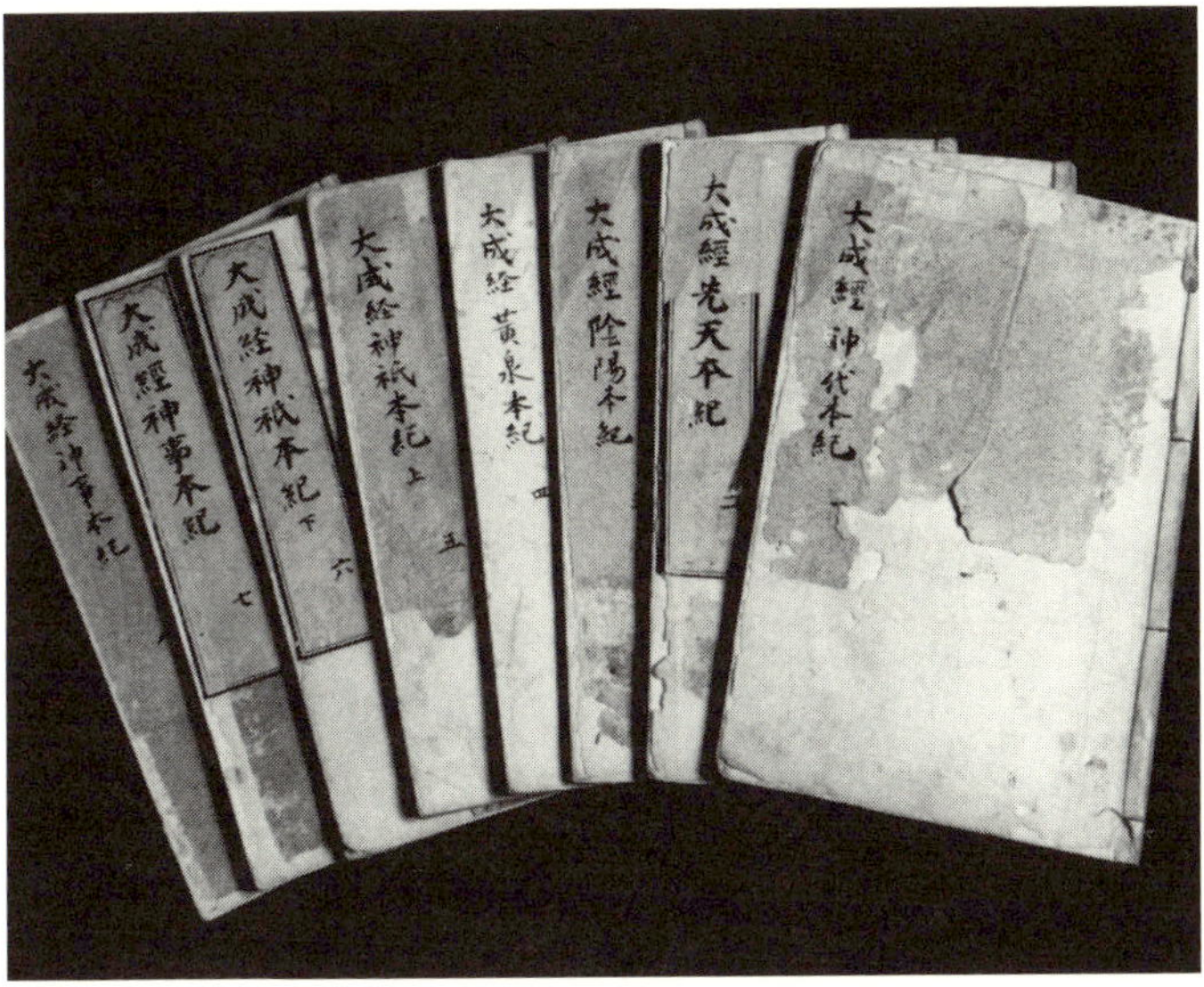

『先代旧事本紀大成経』。聖徳太子による未来予言の書ともいわれ、江戸時代には幕府によって発禁処分も受けている。そしてここにも、爬虫類人と思われる存在の記述が見られるのだ。

これはデーヴィッド・アイクさんのいう「世界の支配者はレプティリアンとの混血種」という説とよく似た話です。ただし、「日本は古代から闇の勢力の支配下にある」「『日月神示』は闇の勢力からのメッセージである」ということは絶対に違うようだ……と、艮の金神ファンの私は思っています。

人類を影から支配していたアヌンナキの正体はレプティリアンである、というのがアイク説の要点ですが、その一方で、すべてのレプティリアンが闇の勢力に加担していたわけではなく、人類を支援するレプティリアンも存在する、とも彼は述べています。

『日月神示』にも同じようなことが書かれています。

「竜体をもつ霊は神界にも幽界にもあるぞ、竜体であるからと申して神界に属すると早がってんならん」とあり、竜にも光と闇の存在があるというのです。

そう考えると、『日月神示』が下ろされた日本という国は、神界の竜神によって、アヌンナキ（？）＝幽界に属するレプティリアンから守られていた国ということになりそうです。

ただし、そのように守られてきたのは縄文時代までのことであり、その後、少しずつ外国から闇の勢力の影響が入りこんできたようです。

太田龍さんも、アイク説を検討したうえで似たような結論を得ていました。

人類の歴史はアヌンナキによる地球支配の血塗られた歴史そのものであり、唯一その影響を免れてすくすくと成長・向上して、地球生物全体社会での生え抜きの人類文明を構築していたのが日本の縄文（太田さんは「神代」と呼んでいます）であったと太田さんはいっています。

私もほぼこの説に賛成です。

ただ、縄文の人々には竜神の守護のもと、ムー文明的なよい思想だけが、かなり入っていたのかもしれません。

太田さんと同様に、日本の縄文に特別な意義を見出しているおひとりとして、ジュード・カリヴァンさんの名も挙げておきましょう。

カリヴァンさんは白人女性であり、私が初めて肝胆相照《かんたんあいて》らすことのできた方です。彼女は、ビジネスの世界でトップの業績をあげたあと、オックスフォード大学で量子力学を究め、考古学でも博士号を持っています。ヒーリング能力にも優れているようです。

そのカリヴァンさんが、「人類には大きなトラウマがある。そのひとつが人類の出自に関することである。人類は、爬虫類人によって大きく影響させられたという事実を受け入れなければなりません」といっています。レプティリアンには善悪両面があり、それをトータルに受け入れていこうとする姿勢です。

彼女は、「日本の縄文にこれからの世界を救う鍵がある」と考えており、その研究を今後のライフワークとしているもようです。そしていま、彼女は日本の縄文に関するスピリチュアル・スポットを訪ねて、その土地や巨石などの遺物からの声を聞こうとしています。

実は、その旅の同行者が中矢伸一さんなのです。どうやら縄文の探究は『日月神示』と切っても切れない関係にあるようです。彼女は中矢さんと一緒に岡本天明さんが啓示を受けた麻賀多神社にも行きました。

カリヴァンさんと中矢さんを引き合わせたのは、私です。このおふたりには何かしら重要な役目があるように直感したからです。

そういったこともあり、『日月神示』はムー文明の良質の部分を継承し、日本の縄文に育くまれた精神文明を現代に伝えるものといえそうです。大震災から立ち直ろうとする、いまの日本人に必要な魂の指針となるメッセージであるとも感じます。

7 「天地のびっくり箱」と「神一厘の秘策」

『日月神示』を伝えてきたのは艮の金神、別名・国常立尊《くにとこたちのみこと》という竜の姿の神さまであり、ある種のレプティリアンといえそうですが、アイク説にあるような悪の異星人の姿とは違うと思います。

というのも、シュメール神話や『聖書』、ヒンドゥー教の文献などには、宇宙飛行士や宇宙船など異星人の存在とつながる語彙《ごい》がたくさんあるのに対し、日本神話や『日月神示』にはそのような存在が登場しないからです。

かわりに『日月神示』に登場するのが、天人、天使、霊人といった多次元の存在です。それはどうやら宇宙人というより、宇宙の正統的知性そのものが形をなして現れた存在のように思えるのです。

『日月神示』には、ふつうの神さまでさえ知らないことが書かれていると述べられています。

そして、『日月神示』が天直流の啓示であるといえるように、縄文日本もまた天直流の流れにあったようです。そこにはムーと名づけられた失われた文明の精神が関係しているようだと私は直感しているのです。

ムーの最後の王であるラーマたちが残した「愛のコード」を正しく読み解けるのが日本人かもしれない、というのもそこに関係しています。

さらに、「愛のコード」として、『日月神示』のこと、岡本天明さんのこと、中矢伸一さんのことが書かれていることも、こう考えれば必然だと理解されます。また、私に関することのほとんども「愛のコード」といえそうなのです。

では、その『日月神示』には、これから日本と世界に起きることについてどう書かれているのでしょうか？『日月神示』にはこうあります。

「神は気《け》もない時から知らしておくから、この神示《ふで》よく読んで居れよ。ひと握りの米に泣くことあると知らしてあろがな。米ばかりでないぞ、何もかも、人間もなくなるところまで行かねばならんのぞ。人間ばかりないぞ。神々様さえ、今度は無くなる方あるぞ。人間というものは目の先ばかりより見えんから、呑気《のんき》なものであるが、いざとなりての改心は間にあわんから、くどう気つけてあるのぞ。世界中はおろか三千世界の大洗濯と申してあろうがな、神にすがりて神の申す通りにするより外《ほか》には道がないぞ」

「天地には天地の、国には国の、びっくり箱あくのざぞ、びっくり箱あけたら臣民みな思ひ違っていること分かるのぞ、早う洗濯した人から分るのぞ、びっくり箱あくと、神の規則通りに何もかもせねばならんのぞ、目あけて居れん人出来る、神の規則は日本も支那も印度もメリカもキリスもオロシャもないのざぞ、一つにして規則通りが出来るのざから、今に敵か味方か分らんことになりて来るのざぞ」

「ビックリ箱いよいよとなりたぞ――早う改神せんとハルマゲドンの大峠越《おおとおげこ》せんことになるぞ。大峠になりたらどんな人民もアフンとしてもの言えんことになるのざぞ。なんとした取違いでありたかと、じだんだふんでも其の時では間に合わんのざぞ。大洗濯ざぞ、大掃除ざぞ、ぐれんざぞ」

『日月神示』には物事が起きる時期についての記述がないので、「いつ」とはいえませんが、すでに大激変が始まりつつある現状を考えると、これから10年から15年の間にはここに書かれていることが起きてきそうです。あるいは、今回の東日本大震災でいよいよ「びっくり箱」が開きはじめたとも受けとれます。

『日月神示』には恐ろしい記述がならびますが、それは根底からひっくり返せるとも書かれています。それについては、中矢さんと私の共著『いま人に聞かせたい神さまの言葉』(徳間書店)からの中矢さんの次の引用が参考になるでしょう。

日月神示には「神一厘《かみいちりん》の秘策」というのがあります。もうだめだとだれもが思った段階で、根底からひっくり返り、「ミロクの世」に大転換するというのです。だから心配しないでいてくれ、ということなのです。まあ大丈夫は大丈夫なんでしょう。

日月神示にはこう記されています。

「世界中を泥の海にせねばならんところまで、それより他に道のない所まで押しせまって来たのであるが、尚《なお》一厘のてだてはあるのぢゃ。大神様におわび申してすっかり心を改めて下されよ。神々さまも人民さまも心得違い多いぞ。泥の海となる直前にグレンとひっくりかえし、びっくりの道あるぞ」

「天の世界も潰《つぶ》してはならん、地の世界も潰すわけには参《まい》らんが、地上の事は潰さねば立て直し難しいなれど、見て御座《ござ》れよ、一厘の火水《ヒミツ》でデングリ返して、見事なことをお目にかけるぞ」

「神拝むとは、頭ばかり下げることでないぞ。内の生活することぞ。内外共でなくてはならん。残る一厘は悪の中に隠してあるぞ」

「世界一家への歩み方、やり方間違えるでないぞ。九分九厘まで進まねば、後の一厘は判らん」

「今が九分九厘であるぞ、日本は日本、世界は世界、日本は世界のカタ国、自《おのずか》ら相違あるぞ」

「世界の人民皆思い違うぞ、九分九厘と一厘とで、物事成就するのざぞよ」

「立て替え延ばしに延ばしている神の心判らんから、あまり延ばしては丸つぶれに、悪のわなに落ちるから、艮《とどめ》の一厘のふた、あけるから目開けておれん事になるぞ、早う知らせる人民には知らしてやれよ、まず七人に知らせと申してあろがな」（『いま人に聞かせたい神さまの言葉』徳間書店より引用）

「世界中が泥の海」になるというのは穏やかな話ではありませんが、皆がもうダメだと思うそのときに「神一厘の秘策」によって「ミロクの世」に大転換する……というのが『日月神示』の説くシナリオであるようです。

ここで気になるのは「残る一厘は悪の中に隠してあるぞ」というくだりです。

『日月神示』では「イシヤ（＝フリーメーソン）」が悪の存在として挙げられていますが、これは幽界（低層四次元）に潜むレプティリアンたち＝アヌンナキ（？）の支配下にある闇の勢力のひとつの象徴を示すことだといえるでしょう。

そこに「神一厘の秘策」が隠してあるとはどういうことか？　実は、闇の勢力であるイシヤを活用する秘策として『日月神示』はこう告げています。

「アイカギ　� コノカギハ　イシヤト　シカ　テニギルコトゾ」

つまり、イシヤの正体をあぶり出して彼らと戦うのではなく、彼らを改心させて手を握ることこそが「岩戸を開く鍵」となり、「ミロクの世」を実現する、ということです。また『日月神示』にはこうも書かれています。

「今度の立て替えは、敵と手握らねばならんのぢゃ。適役の神々様、人民よ、早《はよ》う訪ねて御座れ、この方待ちに待っているぞ。引っぱったのでは、心からでないと、役に立たんのぢゃ」

「悪神よ、今までは思う通りに、始めの仕組み通りにやれたなれど、もう悪の利《き》かん時節が来たのであるから、早う善に立ちかえりて下されよ。善の神まで捲《ま》き入れての仕放題。これで不足はもうあるまいぞや」

闇の勢力を改心させて手を握るということについては、『日月神示』に「日本」と「ユダヤ」の結びという形でも示されているようです。

「今に世界の臣民人民誰にも判らん様になりて上げも下ろしもならんことになりて来て、これは人民の頭や力でやっているのでないのざということハッキリして来るのざぞ。何処の国、どんな人民も成程《なるほど》なァと得心のゆくまでゆさぶるのであるぞ。今度は根本の天の御先祖様の御霊統《これいとう》と、根本のお土のご先祖様の御霊統とが一つになりなされて、スメラ神国（日本）とユッタ神国（ユダヤ）と一つになりなされて末代動かん光の世と、影ない光の世と致すのぢゃ、今の臣民には見当とれん光の世とするのぢゃ、光りて輝く御代ぞ楽しけれ。悪い者殺してしもうて善い者ばかりにすれば、善き世が来るとでも思うているのか、肉体いくら殺しても魂までは、人民の力では何《ど》うにもならんであろうがな。元の霊《たま》まで改心させねば、今度の岩戸開けんのぢゃぞ、元の霊に改心させず肉体ばかりで、目に見える世界ばかり、理屈でよくしようとしても出来はせんぞ、それ位判って居《お》ろうが、判りて居りながら外《ほか》に道ないと、仕方ないと手つけずにいるが、悪に魅入られているのぢゃ、悪は改心早いぞ、悪神も助けなならんぞ、霊から改心させなならんぞ、善も悪も一つぢゃ、霊も身も一つぢゃ、天地ぢゃとくどう知らしてあろうが」

どうやら、『日月神示』を私たちに伝えてきた存在は善も悪も区別せず、その両方を救済しようとしているようなのです。『日月神示』ではそれを「善悪抱きまいらせる」と表現します。次の神示を読むと、それが非常に高い視野にもとづくものであることがわかるでしょう。

「今日までの御教《みおしえ》は、悪を殺せば善ばかり、輝く御代が来ると云ふ、これが悪魔の御教ぞ、この御教に人民は、すっかりだまされ悪殺す、ことが正しきことなりと、信ぜしことの愚《おろ》かさよ、三千年の昔から、幾千万の人々が、悪を殺して人類の、平和を求め願ひしも、それははかなき水の泡、悪殺しても殺しても、焼いても煮てもしゃぶっても、悪はますます増へるのみ、悪殺すてふそのことが、悪そのものと知らざるや、神の心は弥栄《いやさか》ぞ、本来悪も善もなし、ただ御光《みひかり》の栄《さか》ゆのみ、八岐大蛇も金毛も、邪鬼も皆それ生ける神、神の光の生みしもの、悪抱きませ善も抱き、あななふ所に御力の、輝く時ぞ来るなり、善いさかへば悪なるぞ、善悪不二と云ひながら、悪と善とを区別して、導く教ぞ悪なるぞ、ただ御光のその中に、喜び迎へ善もなく、悪もあらざる天国ぞ、皆一筋の大神の、働きなるぞ悪はなし、世界一家の大業は、地の上ばかりでなどかなる、三千世界大和して、ただ御光に生きよかし、生れ赤児となりなりて、光の神の説き給ふ、誠の道をすすめかし、マコトの道に弥栄《やさか》ませ」

この『日月神示』の予言と、『聖書の暗号』と「大いなる秘密」（アイク説）の説くところを総合的に考えますと、人類に対する闇の勢力の支配の歴史はまもなく終わりのときを迎えることになりそうです。たしかに現実には、私の見るところ、ここしばらく前からそのように進みつつあります。

それらは、闇の勢力との闘いを意味するのではなく、善悪抱きまいらせて「本来悪も善もなし」というところに達することを意味するように思います。

実は、レプティリアンによる世界支配について警鐘を鳴らしているアイクさんも、『日月神示』と同じようなことを述べているのです。

エネルギーと意識は同じものだから、われわれはあらゆる意識、すなわち究極の意識である「神」に近づく能力を持っているということだ。この「神」はわれわれと別物ではない。それはわれわれ自身であり、われわれが「神」なのだ。われわれの一人ひとりはこの究極的な意識の一つの側面であり、それは、爬虫類人やそのほかのあらゆる存在についても同じだ。（『大いなる秘密』三交社より引用）

アイクさんは闇の勢力の背後にいるレプティリアンに対しても愛を送るべきだ、と述べています。アイクさんのいっていることは基本的には『日月神示』と変わらないと思います。

その「本来悪も善もなし」というところへいくまでは、地球と人類にとっての大激変は避けられないでしょう。しかし「大難を小難にできる」と『日月神示』はいいます。その具体的な方法については第5章にまとめたので、じっくりと目を通してみてください。

ともかく本章で述べたことは、3・11大震災には大きな意味があり、それは『聖書の暗号』での「悪のコード」で予告されていたことだというのが第一です。

第二は、今後の日本人と日本は、『日月神示』にしたがって正しく生きれば、必ず世界に範を示せるようになれるから安心すればいい……ということです。希望を持って知恵を出し、援《たす》けあって前向きに生きようではありませんか。

わからないはずの「未来予測」を当てるコツ

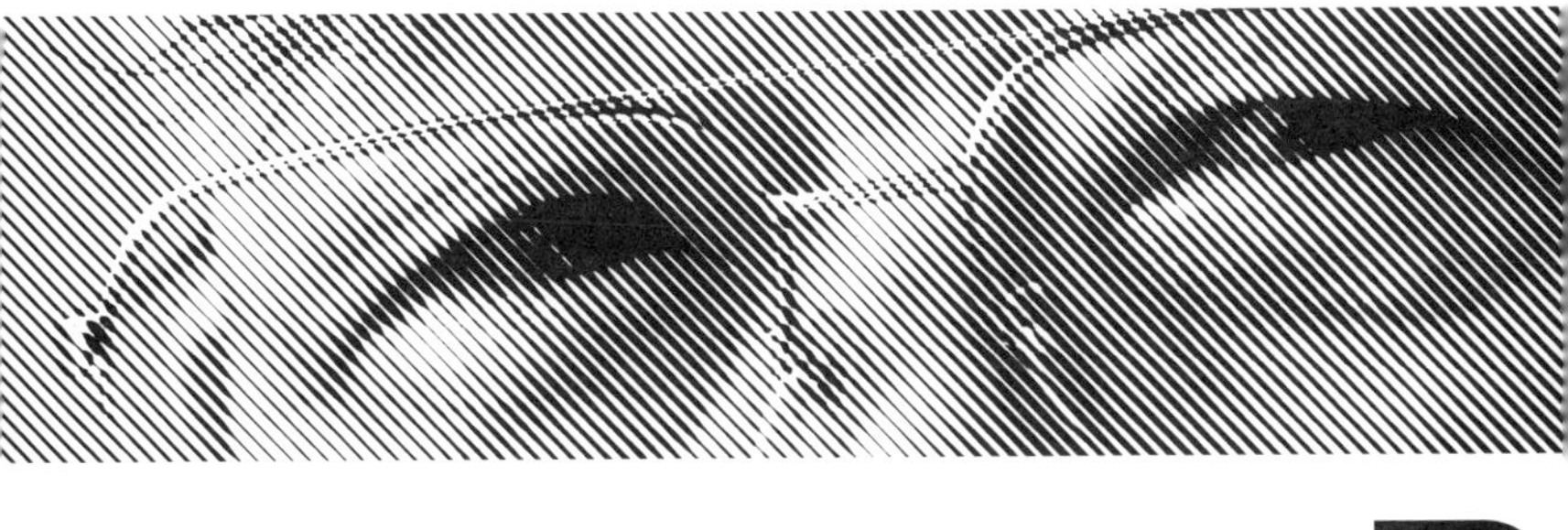

3

1 「船井幸雄の予測」はよく当たるといわれているが（？）

第3章では、東日本大震災後のこれから10年に起こりそうな変化を予測しようと思います。もちろん天災や『聖書の暗号』『日月神示《ひつきしんじ》』も参考にします。

ところで、私は予測の「超プロ」と呼ばれているらしいのですが、どうして予測が当たるのかを自分なりに体系的に説明したいと思います。

私は1933（昭和8）年に大阪府下で農家の長男として生まれました。大学は京都大学農学部の農林経済学科に学び、1956年に大学を卒業してからは財団法人「安全協会」や「日本マネジメント協会」などの経営コンサルタントを経て、1969年に個人でコンサルタントとして独立し、翌年に現在の（株）船井総合研究所を立ちあげました。

これまでの著書は400冊を超えているでしょう。講演は30年くらいは年間で約250回はこなしていましたが、4年くらい前からは口内が正常でなくなり、話しづらくなったので年間20回くらいに減らしてしまいました。仕事のほうも、2003年に70歳になったのをきっかけに船井

船井幸雄。40年以上にわたって経営のプロとして、経済や社会情勢の行方を的中させてきた。まさに未来予測のプロ中のプロといっていい。

総研や関連会社の役員を辞め、いまの肩書きは船井本社の取締役会長のみになっています。これも近々に相談役に退きたいと思っています。

私がほかの経営コンサルタントと違うのは、創業経営者として成功した者と見られている点のようです。実際は、よく失敗をしました。ともかく、私のもとにはたくさんの情報が集まってきます。豊富な人脈と情報網を持っているのは間違いないようです。また、私のところには時代を先取りした変わった人や変わった物も集まってくるようです。

いまでも私のところには、1日に平均して100通を越える手紙類が届くもようです。「届くもようです」というのは、最近では妻や秘書たちが私のカラダを気遣って大事なものしか見せないようになったからわからないのです。

手紙の内容でいちばん多いのは病気や健康の相談で、そのほかに経営の相談、人間関係の相談、将来に関する相談などがあります。

それから、自分の発明したものを仕事につなげたいという相談も多いといえます。船井幸雄には「本物」を見抜く力がありそうだと思われているようです。そのため多くの発明家が、自分の発明が「本物」であるかどうかを判断してほしいと、やってくるのです。

さらに、私は予測の「超プロ」と見なされているようで、これからのことを教えてほしいという人もたくさんやってきます。いったこと、書いたことはよく的中したからです。

ジャーナリストであり、編集者としても数々のベストセラーを出している柳下要司郎さんが、過去の私の予測の的中率を調べてくれました。彼によると、私が過去40年ほどの間に出した40 0冊くらいの本をすべて調べたところ、大きな予測については100パーセント当たっていたそうです。小さなことまで含めても90数パーセントの的中率だということでした。どうやら予測はよく当たるようです。

ただ、考えてみればそれは当たり前のことだと思います。予測が当たらなければ、経営コンサルタントはできない仕事だからです。

ここで「超プロ」という言葉について説明しておきましょう。

私は、ある専門分野のことで予測などが当たりつづけている人、その分野では絶対に間違わないという名人芸を発揮している人を「超プロ」と呼んでいます。

そういう意味で、私自身は企業などの「業績改善、売上の即時向上、倒産防止」や「ほかの分野における超プロの活用」については、いまのところ「超プロ」だと自認しています。そして、ほかの分野の「超プロ」の意見をまとめるのも上手なほうなので、あらゆる分野の予測もよく当たるようです。

したがって本書で予測していることも、これまで同様にほとんど当たると思います。また、その対処法につきましても経営コンサルタント的ですから参考になると思います。

ただ、各分野の「超プロ」の意見を直接お伝えしようと思うので、本書では引用が多くなった嫌いがあります。ご容赦ください。

参考までに、柳下さんの検証した私の予測のうち、彼の発言をいくつか紹介しておきましょう。彼が『超人「船井幸雄」の近未来予測』（あ・うん）に詳しく書いたものを、簡潔にライターの杜聡一郎さんがまとめ直してくれたものです。それを、ほとんどそのまま書きます。

・1965（昭和40）年の予測↓日本には流通革命は起こらない

当時、東京大学助教授の林周二氏が中心となって「流通革命論」がさかんにいわれました。これからはスーパーマーケットの時代が来て卸売業の排除が急速に進む……という論です。

この考え方はやがて「スーパー絶対論」「問屋無用論」となって広がり、世間の常識ともなりましたが、私は実務経験から、そのようなアメリカ型の流通論がそのまま日本に根づくことはなく、日本には日本型の独自の流通論が適合すると考え、消費者心理に基づく議論を展開しました。

1969年に私が書いた『繊維業界革命』（ビジネス社）にはこう記しています。

「大型店でも、急に商品が必要になったとき、あるいは輸送コストがべらぼうにかさむ寝具などの崇高商品の場合、地方問屋は十分利用されるだろう」
「系列化がどう進もうと、現在の卸問屋がどうなろうと、問屋機能だけは完全に残ると断言できる」
「このように考えると、現在の卸問屋の消長とは別に系列化の主体が大型小売業になった場合を除いて、卸問屋は十分存在するものであるし、現在の問屋機能も十分に大型小売業主体の系列化の中でも残るだろう」
「流通革命論がどうあれ、問屋機能のために職を得ている人に失業はない。この点、十分に認識されたい」

結果はどうなったか？　私の予測通り、問屋がなくなることはありませんでした。１９６６〜１９６９年に一時的に減少しましたがそれ以降は増えつづけています。

そして、流通業界全体の人口も、流通革命論が「６５０万人から２５０万人に減る」と予測していたのに反して増えつづけ、一時は１４００万人にも達しています。

つまり、日本では問屋がなくなるという意味での流通革命は起こらなかったのです。

・１９７０（昭和45）年の予測↓日本にも自動車時代が来る
　郊外型ショッピングセンターの誕生

日本では1970（昭和45）年ころまで自家用車による欧米流の自動車社会は来ないと考えられていました。

住宅周辺の道路が狭いこと、鉄道、船舶、バスなど大量に人を運ぶ交通機関が発達しているというのがその主張であり、自家用車を利用した郊外型ショッピングセンターの出現もありえないというのが当時の常識でした。

しかし、私はこの常識に真っ向から挑戦するような主張を展開しました。そして、その主張を証明するために、三重県鈴鹿市の何もない田んぼの真ん中に私の主導で郊外型のショッピングセンターをつくりました。日本で初めての郊外型ショッピングセンターです。「鈴鹿ハンター」という名のショッピングセンターで、今も繁盛しています。

それから10年もたたないうちに自家用車は全国に氾濫し、郊外型ショッピングセンターも相次で出店することになります。

私のアドバイスで鈴鹿市につくられた日本初の郊外型ショッピングセンターを、ぜひ一度見てきてください。

・1975（昭和50）年の年予測↓ITとコンピューターが世の中を変える

ストアレス時代の到来

ショッピングは「多くの人にとって楽しみのひとつとなっている」とされ、店舗販売は絶対的に強いと当時は思われていました。

しかし、私は「そうかな?」と思ったのです。ショッピングは本来、人間にとって苦痛なものかもしれません。たとえば、レジに並んでいる人を見ると、ほとんどの人が笑っていないものです。笑っている人も、同行の友人と世間話をするか、顔見知りの店員と話すときくらいでしょう。

つまり、自宅で買い物ができれば多くの人はそちらを選ぶと考えられるのです。そういえば、かつて日本の豊かな家庭には、呉服屋が何反もの反物を持参してきたものです。

イギリスなどヨーロッパの統計でも、所得レベルが高くなるほどにショッピングの時間が減ることがわかっています。やはり人は本来、ショッピングが苦痛なのです。

つまり、店に行って買うというのは生活レベルが低いという証拠だといえると考えたのです。

幸いなことにいまではインターネットが発達してだれもがストアレスでショッピングができるようになりました。

これについても予測は当たったようです。

・1980（昭和55）年↓日本流経営法がベスト
欧米流の真似をしてはならない

欧米式の経営法は分業が基本です。トップというか、上が決めるのです。小売店では商品部が仕入れを行い、並べ方まで指示し、販売員は売るだけ……というやり方です。

これではまるで人間は「売る機械」でありパーツのようなものです。しかし、少なくとも日本ではそうであってはならないと思ったのです。

欧米では10億人のうち100万人ほどが超エリートですが、日本では戦後のGHQの学制改革などにより超エリートはおらず、5割から6割のエリート（?）がいるのです。いまのキャリア官僚など、使いものにならない人間ばかりで、日本を骨ぬきにするためにGHQはよく考えたものですが、いうなれば「どんぐりの背くらべ」のようなものがほとんどですから、そこにそのまま欧米流の経営法をもってきてもうまくいくはずがありません。

欧米では、超エリートがマクロな戦略や策略を立て、彼らが「並の人間」と見なす大多数の人びとのことをパーツとして使います。しかし、日本にはたくさんのエリート（?）がいて、彼らはそれぞれにプロ志向や自由志向が強いのです。それゆえ責任が直接かかってくる大衆のなかの中小企業経営者などが特別にすばらしい人に育つのです。

そこで私は欧米流の経営法を真似することに真っ向から反対して、コンサルタントを依頼された会社にも私流＝日本流の経営法をアドバイスしました。つまり、従業員ひとりひとりの存在を認めて、たとえばひとりの人に仕入れから販売まですべてを任せたのです。

このやり方は功を奏して、一気に売上を伸ばすことに成功しました。しかも、これは世界でも通用したのです。

・1985（昭和60）年の予測↓あと10年内にソ連は崩れる

私は1982年に出した『人生五輪の書』（PHP研究所　2006年に『生きざまの原点』としてグラフ社より復刊）という本のなかで、「自由を束縛する共産主義はダメになる」という予感を記しました。当時、世論では共産主義は資本主義と並立しつづけると思われていたときです。この時点での予測です。

その後、1985年に当時のソ連やチェコに行ったとき、サービスの悪さと物のなさにびっくりしました。働いても働かなくても給料が同じなので人々は怠け、自由もなく不便なことばかりでした。共産主義国のなかでも一番よいとされていたチェコですらこうなのですから、磐石と思えたソ連ですらあと10年もしないうちに崩れてしまうのではないかと確信したので、同行者に話しました。その後、1991年12月にソ連が解体したのはみなさんご存じだと思います。

・1987（昭和62）年の予測↓日本の経済成長（バブル）は近々崩壊する

バブル期のさなか、毎日のように土地の価格と株価が上がりつづける様子を見て、常識的にこれがいつまでも続くものではないと講演などで話しました。

戦後の物不足によるインフレとはわけが違うからです。お金が余っているのが原因の価格高騰ですから、そんなバカなことがそう長く継続するわけがないと考えたのです。

その私の言葉を信じた人の多くは顧問先の経営者が多いのですが、バブルがはじけても損をすることがなく、本当に喜んでくれました。かえって大儲けをした方もいるようです。

さて——多少の時期のずれなどはありますが、これらの予測はいずれも的中しています。

それから、小さなことの予測となりますが、私が1970年に書いた本のなかで、「今後30年間に起こる可能性のある技術革新」としてかかげた32項目について、次に掲載しておきます。これも柳下さんがまとめてくれたものです。

1980年代の末、バブル景気によって大規模な土地の再開発が各地で行われた。「土地は値下がりしない」という神話のもと、都心部は地上げによって虫食い状態になる。だが、それは、長くは続かなかった（写真＝共同通信）。

（1）通信・電子工業関係

・家庭用電気器具の超小型化
・壁掛けカラーテレビ
・ポケット・カラーテレビ
・個人用携帯加入電話
・家庭で印刷される遠距離からの新聞・雑誌のファクシミリ
・立体テレビの普及
・家庭用テレ・コントロール
・家事手伝いをするロボット

（2）医療・食料関係

・かぜのワクチン普及
・経口避妊薬または他の簡単で安価な方法による効果的な人口増加抑制
・コンピューターによる病気の診断
・脳の命令を感知して意思のとおりに動く義手・義足

・悪性ガンの完全回復薬剤の完成

（3）コンピューター関係
・ティーチング・マシンの広範な利用
・家庭用電子計算機の普及
・手書き文字を読み取れるコンピューター
・音声を聞きとれるコンピューター
・書籍大のコンピューター

（4）輸送・宇宙開発関係
・電気自動車の普及
・原子力船による海上輸送の普及
・飛行機運航の自動化
・自動車運転の自動化
・超音速航空輸送（SST）の普及

（5）環境維持・開発関係
・汚染空気の清浄化の普及
・信頼できる天気予報の普及
・天候のコントロール（台風を含む）の普及
・限られた天候のコントロールの可能性
・地震の完全予知の実用化

（6）材料・資源関係
・住宅資材のユニット化
・経済的な海水の淡水化
・砂漠と海洋の開発と利用

このうち、まだ完全に実現していないのは、たとえば「立体テレビ普及」や「天候のコントロール」「地震の完全予知」など数項目でしかありません。しかし、これらもほぼ見通しが立ってきました。

なかなかの的中率だと思います。ただ、当たった理由は経営コンサルタントを業にしていたからだと思います。

2　予測が当たる理由は「びっくり現象」が集まってくること

大きな予測に関しては、100パーセント的中するのですが、小さな事象の予測では少し落ちる……というのが柳下さんの分析です。さらに、身近なことだともっと的中率が落ちてきます。自分についてはエゴが加わるのと、ほかのことでは興味のなさがその理由のようです。

たとえば、部下の結婚問題などはまったくダメです。私が格好のカップルだと思っていたふたりがまったくそうではなかったり、意外なふたりが結ばれたりしています。そういうことに関心を向けないから、正しく予測できないようです。

その反対に、社会がひっくり返るような事柄の予測のときには的中率が上がります。それは、社会現象の背景にある「世の中の構造」や「人間の本質」といったことに、強い関心をもちつづけてきたからでしょう。そういう点でいろいろなことを学んできたからでしょうが、まだまだ知らないことがたくさんあって、いつも、多くのことでびっくりさせられています。

そして、その「びっくり」を大事にしています。私のホームページ「船井幸雄.com」では、「先週のびっくりより」という連載記事を、以前は毎週1回は書いていました。その1週間に驚いたり感心したりしたことのなかのひとつを報告するページです。また、それらをまとめた『「びっくり現象」こそ決め手』（あ・うん）という本も出しました。

なぜ、そこに着目するのか？

「びっくりすること」から効率的に多くのことを学べる、というのが経験上わかるからです。

世の中の事象は、すべては必然であり、必要があって起きるからです。

ですから、私たちに勉強させ、より正しいこと、真実をわからせるために「びっくり現象」が起こる……といえそうです。最近はますます「びっくり現象」が増えてきており、いま世の中に大変革が起きている最中であることを示しています。東日本大震災も、本書の「まえがき」で書いた、それが見事に見えて予測を100パーセント当てた松原照子さんのブログの記事など、びっくりもいいところです。彼女とは親しくなりました。

読者のみなさんも、これからは「びっくりすること」を無視しないで、そこから多くのことを学んでほしいと思います。これほど効率的に真実がわかり、学べることはほかにはないようです。

「びっくり現象」を見せてくれたり教えてくれたりする人が、たくさんやって来ます。そのびっくりを解明すると、未来がわかり、真実がわかり、正しい対処法がわかる、というのが経験上からの意見です。

ところで、私の著作を読んだりホームページを見たりした人の多くが、船井幸雄はオカルト好きだと誤解しているように思います。

「びっくり現象」の多くは世間ではそのような分野にカテゴリー分けされているので仕方ないともいえますが、私はオカルトやスピリチュアルとは99パーセントくらいは無関係な人間であり、どんなことも現実的かつ客観的に判断します。事実か、あるいは論理的・体系的に解釈し、納得し、他人にも納得させる自信のあることしか公表はしないことにしています。

ただ、人の言はいっさい否定しないし、差別しませんので、それが誤解を産んでいるようです。

これはどうでもいいことですが、誤解されたままではいけませんから、ときどきは次のように自分にいいきかせ、守ってきました。これは、会社のトップを務める身内の者にも伝えていることです。

①ふつうの人にとって、(1)常識外れのこと、(2)目に見えないこと、(3)耳にきこえないことは、第三者にいったり、書いたりしないことです。第三者が「99・9パーセント以上信用できる」と判断していること以外はいわないほうがいい。

ただし、絶対信用できると思えることは別です。それは私の場合、『日月神示』や『聖書の暗号』のようなものにあたります。

それらに興味を持ったり、肯定したりするのはよいとは思いますが、経営者やトップとしては、そのような発言を社員や第三者に対していうことは、マイナスはあってもプラスにならないのがふつうです。

②しかし、フシギなこと、びっくりする事実を話したり書いたりするのはいいことだと思います。それを、解明すると真実や未来や対処法のわかる可能性が大きいからです。ただ、それらも事実以外のことはいってはいけません。

この後で紹介する神坂新太郎さんには、びっくりさせられつづけました。それは事実ですから発表したほうがいいと思っています。

③過去のことや未来予測もほどほどにしておくこと。

過去のことにこだわったりいったりするのは、時間のムダになりがちです。

また未来予測は当らない確率が50パーセント以上はあります。予測を発言するとそれにこだわる人が多いものです。私もこだわります。やはり本書の題名のように、いわないほうがいいでしょう。

ほかにも、あといくつかあります。

④自分のことは最低限しかいわないほうがいいようです。

⑤客観視はよいが、それのプラス発想やマイナス発想はあまり発言しないことです。

⑥人を認め、ほめることをやってください。

⑦他人の悪口や欠点の指摘はできるだけしないことです。

ほかに注意しなければならないのは、オカルトやスピリチュアルといった、目に見えないことや耳に聞こえないことを好んでいう人とのつきあいは、よほど人間性のすばらしい方以外とは、ほどほどにしておくことです。

それらの人びとのほとんどは、無知か怪しい存在（？）だからです。

私には、その種の知人が多いのですが、人柄のよほどよい人でなければ深いつきあいはしないようにしています。

ただ、本書で紹介している「びっくり現象」は、信頼できると確信した人が教えてくれたものであり、事実にもとづくものにしぼっています。つまり、「99・9パーセント以上信頼できる」ことといえます。

これらの現象が未来を指し示してくれるので、予測が当たるのだと思っています。

3　最悪の体調を回復させた「E水」にびっくり

2007年3月12日に私の身に「びっくり現象」が起きました。体調を崩したのです。それまで病気らしい病気ひとつせず、ずっと働きづめでやってきた私が大きく体調を崩してしまったことにまずびっくりしました。

倒れた直接の原因は急性肺炎。しかし、その後に次々と別の病気が出てきて、一時は心臓が最悪になり生命の危機に瀕《ひん》しました。いわゆる心臓弁膜症です。

東大病院など3つの病院では「心臓の手術を早くしないと2年くらいの寿命だ」とまでいわれ、そのほかにもいろいろな病名を20個ほどつけられました。年齢から考えても、いつ「あの世」へ行ってもいいと思っていたので、心臓の手術はしませんでした。いまも、治療法がわからないといわれている左下顎骨の骨髄炎に苦しめられています。が、私なりに、近々に完治するように思っています。ともかくそれまで病気の苦しさを知らなかったので、この4年余りは本当に勉強になりました。

とはいえ口内の調子が悪いのには困りました。話せない、食べられないというのは本当につらいものです。

話すための入れ歯、食べるための入れ歯といろいろ用意しましたが、装着していると次第に痛くなってくるので、入れ歯を入れても話すのは2時間が限界。ですから、講演も取材も最長で2時間に制限されてしまいます。

2010年に何回か受けた口内の手術のうち、2回くらいは失敗でした。

いま、もともとの骨の問題——左下顎骨髄炎については、別の方法で対処することにしました。これでようやく、悩まされつづけてきた体の不調にもピリオドを打つことができそうです。

そういう状況のなか、びっくりさせられたのが「E水」という水と量子医学です。

2010年10月25日のことでしたが、7、8年ぶりに友人が訪ねてきてくれました。岐阜県の土岐で窯元《かまもと》をやっている山本虔山《けんざん》さんです。

残念なことに、口の痛みのために2時間弱しか語りあえなかったのですが、そのときに彼からいただいたのが、E水をつくる「銀河の泉」という装置でした。

「E水？　銀河の泉？　よいかもしれない」と思ったのは、私が『2020年ごろまでに世の中大転換する』（徳間書店）という本で紹介していたことだからです。

E水とは神坂新太郎さんが発見した死んだものを生き返らせた（？）水であり、それを一般の人がいつでもつくれる装置として山本虔山さんの開発したのが「銀河の泉」なのです。

そんなことを拙著に書いていたのに、それを活用していなかったのです。

ともかく、さっそくE水をつくって飲んでみたところ驚くべき結果が出ました。

ちょうど10月に入ってからはノドの調子が悪くて、1日にコップ1杯ほどの水しか飲めなくなっていたのですが、E水なら1リットル飲んでも平気なのです。しかも、口が痛くて眠れなかったのに、E水を飲んで眠ると痛みと腫《は》れが減ってよく眠れます。また、よだれが出て困っていたのですが、それも少しおさまってきました。

その後、E水を毎日1リットル以上は飲んでいますが、平気でその量くらいは飲めますし、体調にもいいようです。ともかく水をほとんど飲めなかったのですから、「E水」がなければいまごろ生命はなかったように思います。

E水を飲みはじめて数日後には、左手の人指し指を不注意で傷つけてしまいました。強くはさんだのでしびれと痛みがあり、爪のところをキズつけたので出血もしていました。

ところが、E水にしばらくこの指を入れたところ出血はすぐに止まりました。翌朝には、キズあとは残っていたものの、ふつうに指を使えるようになったのです。

さらに、E水を飲むようになってから、一晩に3~4時間の睡眠でも平気になりましたし、逆に疲れたと思ったら一晩に10時間くらい眠れるようにもなりました。

あとの量子医学療法につきましては、今年7月、この新療法の開発者で兵庫県立医科大学名誉

家庭でも簡単に「E水」をつくることができる「銀河の泉」。koro先生は独自の研究を重ねた結果、生命エネルギーに満ちあふれたエネルギー水（E水）を発見。それを再現することに成功した（『2020年ごろまでに世の中大転換する』より転載）。

教授の島博基博士の著書が出ます。私が「推薦文」を書きました。これで2009年9月に心臓も助かったようで、いま骨髄炎も島先生のアドバイスで治療しています。本の題名は『分子と心の働きを知れば本当の健康法がわかる』で、今年の7月中旬に株式会社パレートから発刊予定です。

これについては、骨髄炎の結果などを見てから、そのうち詳述したいと思いますが、論理的・体系的には私も理解している科学的治療法です。原理は単純なので、同書をお読みください。

ここで、E水がどういうものか、という点についてもう少し説明しておきましょう。次は『2020年ごろまでに世の中大転換する』（徳間書店）からの引用です。

これは少し変わった本で、E水を見つけた神坂さんの資料をもとにして私が彼の言を代弁しています。発刊時にはすでに神坂さんが亡くなっていたので、友人であった私が彼の言を代わりに書いた本です。文中の「koro」とは彼の愛称であり、親しみを込めてそう表記しました。

ちなみに、「ザ・フナイ」誌でも「koro先生」名義で記事が連載されていますが、こちらは神坂さんと親しかった有志による研究グループが執筆しているものです（以下は神坂さんの発言です）。

これまで私は、E水を使って、さまざまな実験をしてきました。そして、その過程で驚くべき事実が次々と判明しました。前にもお話ししたように、金魚が蘇生したり、野草を活けると水道水での二倍以上長持ちしたり、植物の発芽時間が水道水の場合と比較して五分の一（三〇分程度）になることもわかりました。これらの実験は、すべて再現性が確認されています。

（中略）

そして私は偶然、E水の効果を自分の体で試すことになりました。

二〇〇四（平成一六）八月、私は大動脈瘤を患って、緊急大手術を受けました。メスで切開した個所も大きく出血も多量で、かなりの輸血もしました。やがて、心臓の調子も悪くなってきました。

私は戦争中に人間の臨終にたびたび立ち会っていたので、自分の病状も想像がつきます。元気そうに見えても、まず耳が聞こえなくなり、次に視力が衰えて見えなくなると、間もなく絶命するものです。

その日、私の三人の娘がそろって見舞いにきてくれていました。私自身、なんとなく「今日は危険だ」という予感がありましたが、それでも私が元気に振る舞うので娘たちも談笑していました。しかし、だんだん娘たちの声が遠くなり、はっきり見えていた顔が少しずつかすんできました。そのとき、私の視界に担当医の姿が入りました。すると、私は無意識に叫んでいたのです。

「最後の実験をやらせてください」

叫んでいたつもりでしたが、実際には囁き声くらいにしか聞こえなかったかもしれません。しかし、わかってくれたようです。

「すぐ家へいって、E水を持ってきてくれ」

私は、娘の一人に頼みました。娘はあわてて病室を出ていきましたが、娘が戻ってくるまで、ずいぶん長く待ったような気がします。そして、気力が消えかけてほとんど両目も見えなくなったとき、娘がE水の入ったペットボトルを持って戻ってきました。私は最後の力を振り絞って、E水を一気に二リットル飲み干したのです。

その後に起きた奇跡を、私は生涯忘れません。一瞬ののち、電灯が点いたように目が見えるようになったのです。感激に震える自分の声が大きく鼓膜を叩きました。

「やった！　効いた！　飲めばいいんだ！」

と大きな声で叫んでいました。娘たちは大喜びしていましたし、担当医もびっくりしていました。

人間の感情とは面白いもので、当の私は自分の命が助かったことより、蘇生水を使った哺乳類の実験の成功のほうがよりうれしいと感じていました。E水を飲んで、スピリット波動を呼び寄せれば、たちどころに病気にも効果があった――これが私が身をもって示したE水の効果です。(『2020年ごろまでに世の中大転換する』徳間書店より引用)

神坂さんから聞いた、E水で金魚が生き返ったという話は、いまでも鮮やかに思いだされます。鉢から出して真夏の太陽でカラカラに干からびた金魚をE水につけると、見事によみがえったというのです。死んだものが蘇生するなんてにわかには信じられませんが、ほかにも確実な証人がいます。

山本虔山さんのおかげで使用をはじめ、私の体調もそれなりによくなりつつあるようです。これはうれしい「びっくり」です。

E水についてはこれくらいにします。このあとひきつづき、神坂さんをはじめびっくりさせられる人々について少し紹介します。

4　フシギな能力者たちは存在している

びっくりさせられるフシギな能力のある人たちのなかで、特に私が発言を参考にしている人は、「まえがき」に書いた松原照子さんと光明さんです。ふたりとも著書があるので調べてみてください。光明さんは池田整治さんの友人です。このおふたりからは、特別にここでの紹介の了解を得ていませんので、ここではそれ以外の何人かの人たちを紹介します。ひとりめはE水の開発者の「koro先生」こと神坂新太郎さんです。

●神坂新太郎さん

神坂さんは第2次世界大戦時に陸軍に所属し、ドイツの天才科学者ラインハルト・シュルツエ博士とともに満州でプラズマの研究を行っていました。

そこでは「プラズマ球」の生成に成功し、自分自身でそのなかに入って自在に空を飛ぶことができたといいます。これは地球人によるUFOの第一歩だといえそうです。

荒唐《こうとう》無稽《むけい》な話にも思えますが、このあとに紹介する飛鳥昭雄《あすかあきお》さんによると、アメリカで「レッドライト・プロジェクト」という国家主導の研究が行われ、そこでも、水爆の父とされるエドワード・テラー博士が同様の実験に成功しているそうですが、それよりもはるか以前のことです。

神坂さんや飛鳥さんの説明するプラズマ理論を私も考察してみましたが、論理的な破綻《はたん》はなく、これはどう考えても真実です。ただ、いずれにせよ私自身の目で見たことではないので断言はできませんが、神坂さんはウソなどをいう人ではなかったはずです。

その神坂さんに実際に見せていただいた「びっくり現象」のなかで一番驚いたのは、彼が10

0パーセントの確率で地震を予知できるということでした。何回も的中しました。

彼は、ニュートンの第3法則「作用・反作用の法則」を疑い、反作用を検証する測定器を作成しました。定電圧装置をつけたモーターにバネばかりをつけた簡単な装置です。

電圧は一定ですから、ふつうならモーターを動かしたときにかかる反作用も一定のはずですが、毎日、反作用を計測したところフシギなことにその数値は変動したのです。しかも、反作用が小さくなっているときに限って地震が起きるのです。

その後、神坂さんが10年以上にわたって1日3回、定時にデータを取りつづけた結果、日本各地で起きる地震の予知がほぼ100パーセントできるようになりました。これは実績があるし、記録もあります。ただ、一般人の地震予知は禁じられていますので、これは彼の知人しか知らないことです。

これについて彼は、何か未知の力が働いていると考えたようです。「天然エネルギー」という力が空間に満ちていて、その力が変動することによって反作用が変わるのだと結論づけたのです。

このエネルギーは計測装置のモーターの軸にまとわりつくような感じで働き、その結果が反作用の変化となって数値に表れます。その数値を記録していくと、大きな地震が起こる前からその1週間後くらいまで異常な数値が出る……という法則性が発見されたので、適中率100パーセントの地震予知が可能になったのです。

これは、地震国である日本にとってたいへん重要な新技術だといえるでしょう。神坂さんが生きていたら、今回の東日本大震災も事前に完全な科学的予知ができていたと思います。

その地震予知の次に私がびっくりしたのが、死んだものをよみがえらせるE水の存在です。この水は地球の自転や公転をシミュレートする「銀河運動装置」の研究から生まれたものでした。

彼は地球の運動を器械で再現してみたらどうなるんだろうと考え、地球の自転や公転を含めて宇宙の動きを再現する銀河運動装置をつくりました。それは、1分間作動させると、50億年の地球の歴史が再現されるというものです。そして、その地球にあたる部分に水を入れて作動させることで、生みだされたのがE水なのです。

あるとき、装置から出した水に山椒《さんしょう》の小枝を挿しておいたら、水道水に挿したものの何倍ももちました。そこで、彼は「これは何か生命現象に関係があるはずだ」と考え、さまざまなことを試します。すると、水のなかに種を入れて回転させるとわずか30分で発芽するなど、フシギなことが次々と起きてきたのです。そのあとに行ったのが、多くの人が見ている金魚の蘇生実験でした。

さらに神坂さんは、銀河運動装置の発展形ともいえる装置を次々とつくりだしていきます。そのひとつが天然エネルギーを操作できる「ライフコントローラー」です。

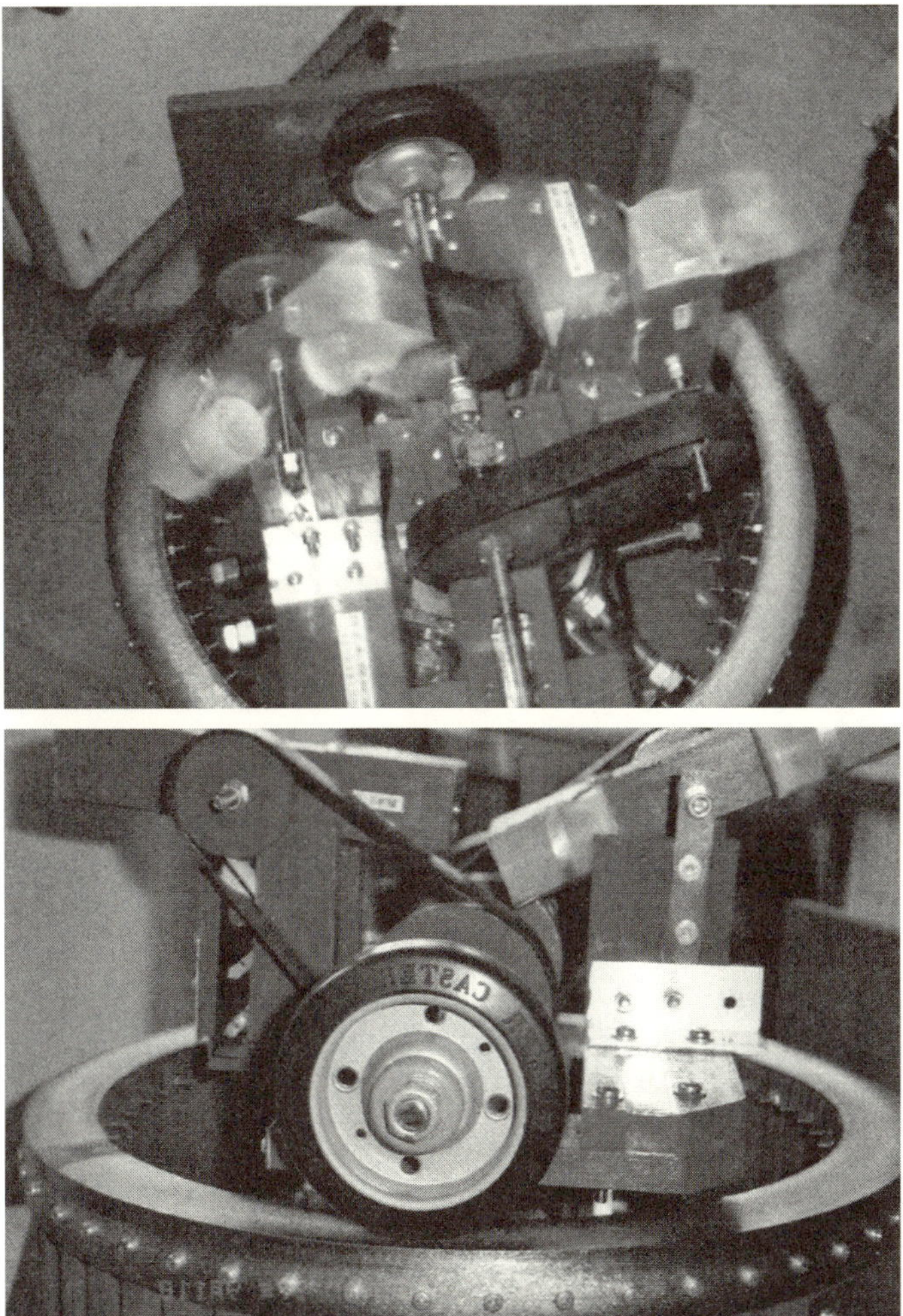

（上下とも）koro先生が開発した「銀河運動装置」。この装置は名前のとおり、銀河系の動きを再現するためにつくりだされた。それはまさに「小さな銀河系」そのものなのだ（『2020年ごろまでに世の中大転換する』より転載）。

ライフコントローラーは太極拳の動きにヒントを得て考案したようで、まわりの空間の天然エネルギーに作用してそこにエネルギーの高圧場をつくるというものです。人間の体の機能はこの高圧場のなかではふつうの何倍もの力を発揮するので、これによって、ふつうの病気などもよくなってしまうようだ……といっていました。

神坂さんの場合、脳動脈瘤《のうどうみゃくりゅう》ができるくらいコレステロールがたまってしまい、30分ほど前のことすら忘れてしまうようになり、医師からも治らないといわれたそうですが、2年間、毎日30分、この高圧場に頭を入れていたら、その脳動脈瘤がきれいになくなったというのです。

また、彼自身の体験ですが、「3時間以上を経過すると心臓に負担がかかって命の保証はない」といわれた手術で、9時間かかったこともあったようですが乗り切れたといっていました。手術の前に、高圧場で自分の体にエネルギーを注入して手術室に行ったからだといっていました。手術のあと医師に、「あなたの心臓には毛が生えているようだ」といわれたそうです。

さらに、この装置では、1時間半から4時間ほど水に浸けて殺した20匹のダンゴムシの蘇生にも成功したと聞いています。ともかくフシギな人で、話好き、それに実験場を見せて説明してくれましたので、多くのファンや弟子がいましたから、証人は多くおります。

神坂さんは2007年9月11日に88歳で亡くなりましたが、私の手元には何百通もの彼からの手紙とその話を録音したテープなどが遺されています。

それをもとにして、彼の立場と気持ちを私が代弁して書いたのが『2020年ごろまでに世の中大転換する』(徳間書店)での「koro先生」の言葉なのです。

●飛鳥昭雄さん

『2020年ごろまでに世の中大転換する』で、koro先生、そして私と一緒に鼎談《ていだん》をしてくれたのが飛鳥昭雄さんです。

飛鳥さんは自ら「サイエンス・エンターテイナー」を名乗り、最先端科学からUFO・オカルト・古代史・古代古伝まで幅広い知識を持っている人です。

著書に『エイリアンの謎とデルタUFO』『失われたイエス・キリスト「天照大神」の謎』『失われた原始キリスト教徒「秦氏」の謎』(以上、学研パブリッシング/NPAシリーズ)、『完全ファイルUFO&プラズマ兵器』『竹内文書と月の先住宇宙人』(以上、徳間書店)など多数の著書があり、最先端科学や歴史にも興味を持ち、多くの読者の支持を得ているようです。

情報の解釈としては私とはだいぶ考え方の違うところもありますが、あけっぴろげで話し好き、おそろしく物知りであり、すごい情報網を持っています。

その飛鳥さんとの深い縁にびっくりしたのは、彼が私の高校の後輩であることに気づいたときのことです。

聞いてみると、彼は私の生まれた市の隣の市の出身であり、同じ大阪府立河南高校の卒業生でした。この高校は戦後に旧制の富田林中学校と富田林高等女学校のふたつの学校が合併し、また分離してできたなかのひとつであり、私がその第3期生、彼はずっと後輩の第21期生だったのです。

そういうこともあり、私たちはすっかり意気投合して初対面から気楽にいろいろなことを語り合いました。物知りの彼との対話ですから話題は多岐にわたります。たとえば、次のようなことです。

①マナの壺　②失われたイスラエル10支族　③ヤマトの語源　④ガド族　⑤バード少将　⑥アルザル　⑦ロズウェル事件　⑧神坂さんとUFO　⑨プラズナー　⑩M－ファイル　⑪シークレットガバメント　⑫エノク城　⑬エルサレム第3神殿　⑭ハルマゲドン　⑮聖書の暗号　⑯日月神示　⑰秦氏……。

これらのことについて「いつか共著にしよう」とそのときに約束したのですが、それから3年以上たって、それが近々かなうことになりそうです。この本の出版社と同じ学研パブリッシングから飛鳥さんとの共著が出る予定です。飛鳥さんと私のことはその本でよく知っていただけると思います。

ご参考までに、飛鳥さんが「ザ・フナイ」に連載されている記事の一部を紹介しましょう。ア

飛鳥昭雄さん（右）と筆者。同じ高校で学んだ先輩・後輩の関係にあたる。また、飛鳥さんは話題も豊富で、ふたりで話しはじめるといつまでも終わらなくなる。

メリカが開発するプラズマ兵器についてのくだりです。

宇宙から飛来する電波や宇宙線の交差によってプラズマが発生すると大槻氏（早稲田大学名誉教授）は断定する。そのため世界中で怪奇現象が起きるとする。「UFO現象」を筆頭に、物体が宙を舞う「ポルターガイスト」（騒霊現象）、小麦畑にできる「ミステリーサークル現象」、人体が燃える「人体発火現象」などは全て自然界のプラズマが引き起こす現象と断言する。

これらの危険な現象は裏を返せば兵器に転用できることを意味する。最初このメカニズムに注目したのがアメリカで、プラズマを兵器化するプロジェクトを立ち上げる。最も有名なのは原爆開発の「マンハッタン・プロジェクト」だが、プラズマ自体を兵器化する計画は別に「レッドライト・プロジェクト」といった。プロジェクト責任者は、オッペンハイマーと共に原爆開発を行ったエドワード・テラーである。テラーといえば、世界で最初に「水爆」を造った物理学者で、レーガンにSDIを勧めた人物として知られている。

結果として、今のアメリカは世界でも類がない強力な兵器を独占しようとしている。その兵器は、厚い壁でも幽霊のようにすり抜け、摂氏数万度の超高熱で都市を焼き尽くし、放射能を全く出さないクリーン兵器である。使う側にとれば夢のような「大量殺戮兵器」なのだ。今や核兵器は使いたくても使えない兵器とされるが、プラズマ兵器は何の条約にも束縛されず、何時何処でも使える兵器となっている。世界がその存在を知らないだけに、アメリカにとっては独占企業と同じで、一度使えば抑制が利かなくなる。(「ザ・フナイ」2010年11月号「情報最前線——未来への指針〈11〉」より引用)

この短い文章だけでも、飛鳥さんがたいへんな情報通であることがわかります。飛鳥さんは、文中に登場するエドワード・テラーさんにも直接取材をしたようです。行動力のある人だと思います。

いまの段階で飛鳥さんとの対談本のタイトルなどは未定です。しかし、たくさんの「びっくり」が詰まった本になると思っています。ご期待ください。

●大石憲旺さん

大石憲旺さんは、もともと大学教授としてマーケティングを教えていたという方で、現在は発明家と会社社長というふたつの顔を持っています。1985年にご家族と伊豆を旅行中、宇宙意識からのコンタクトを受け、それ以降、高次元世界との交流が始まったそうです。

彼とのつきあいは、『日月神示』の研究者である中矢伸一さんが2010年に紹介してくれたときからのスタートで、それ以来、月に一度くらい私の会社にいらっしゃるようになりました。

私が興味深いなと思うのは、彼が宇宙存在から聞いた話のとおりに世の中が動いていくというのです。しかも、その話はあとで紹介する『日月神示』やウェブボット、コルマンインデックスといった信頼できる予言や予測とも案外共通しているようです。いまのところ注目してつきあっています。

たとえば大石さんは、中矢伸一さんの主宰する日本弥栄の会の会報誌「たまゆらPREMIUM」のインタビュー記事のなかでこのように述べています。

大石　そうですね。これが現実にだんだん近づいていく時代が来ると思っています。今は盛んに二〇一二年のことが問題になっていますよね。あれについて宇宙は何をいっているかというと、「ちょっとノイズが起こるかな」という程度です。
中矢　「ちょっとノイズが・・・」という表現が面白いですね。
山口　宇宙の神様から見たらその程度のことでしかないということですか。
大石　小さなことだということですね。あとは二〇一五年からは暦をすべて陰暦でいってほしいと言っています。つまり二月四日が年の始めになるということです。この日で始まって、現在で言う翌年の二月三日が大晦日になると。その二月四日は休んでいいよと。こう言っているわけですね。お休みでいいよと言っているということは、その日にいろんなことがあると思うんです。二月四日に入った、その午前〇時が大事らしいんですね。
山口　それは二〇一五年ですか。
大石　そのようですね。そこから本当の二十一世紀に入ると。
（中略）
中矢　高島康司さんが紹介している、コルマン博士のマヤカレンダー解析「コルマンインデックス」では、マヤカレンダーとは意識進化のカレンダーだと言っています。それと同じで、意識が変わるということですね。意識が変われば結果的には外に現れているものも変わるのでしょうけれど。根本は意識が変化するということですね。
山口　そう考えると、大石さんの言う、暦が変わるという話ともリンクしてくるような気がしますよね。
中矢　ただ今年、二〇一〇年から変革は始まっているというお話ですね。
大石　それはもう始まっています。実際は二〇一二年を区切りとして始まるのではなくて、今年、二〇一〇年から始まっています。
山口　具体的に始まることとしては、資本主義の崩壊でしょうか。
大石　そのあたりから少しの宇宙の揺れが、経済現象とか様々なところに少しずつ波及してくると、そういう意味でしょうね。

（「たまゆらＰＲＥＭＩＵＭ」２０１０年７月号　日本弥栄の会より引用）

大石さんが宇宙存在から得ている情報では、２０１０年8～9月から大きな変化が始まり、２０１３年までは世の中の変化は非常に大きなもので、２０１４年に地ならしがあり、２０１５年2月4日から本当の21世紀になる……ということのようです。

また、２０１１年の10月28日に人類の意識が変わる起点になる、ともいっています。

大石さんの言葉で印象に残っているのが、日本がダメになったら地球はダメになる、地球がダメになったら宇宙もダメになる、というものです。予想される大難を小難にするには日本から世界を変えていかなければならない、という大石説は納得できるとも思います。

ところで、大石さんは宇宙存在と話せるだけでなく、地底人の用いる地底語も話せるようです。彼の友人に菅原信也さんという地底人の魂を持つ（？）という方がいて、ほかの地底人の意識を取り次ぐことができるというのです。そして、大石さんがその地底語を翻訳しているようです。

地底人が存在することについては、神坂新太郎さんも飛鳥昭雄さんもともに認めています。私が信頼するフシギな能力者の多くの人もそのようにいう人が多いので、実際にいるのだろうと考えるのが正しいのかもしれません。
なお、大石さんによると、「地底人の間では船井さんはすごく有名です。地底人は船井さんには使命があるといっています」とのことでした。しかし、私のわからないことです。

●七沢賢治さん

七沢賢治さんは言霊《ことだま》の研究家であり、宮中祭祀を執り行っていた白川伯王家《しらかわはくおうけ》に伝わる伯家《はっけ》神道の継承者です。

「言霊のさきはふ国」といわれるように、日本では言葉そのものにエネルギーがあるということが太古から知られてきました。言霊など迷信だ、と考える人も多いのですが、七沢さんの開発した「クイント・エッセンス・システム(QES)」という装置を使うと言霊の存在を体験できます。

その装置は日本語の五十音のそれぞれに存在するエネルギーを電磁気(生体光子)に載せて発信することで、健康やビジネス、人間関係の問題に関して当事者の望む現実を創造します。教育分野や環境浄化などにも応用できます。私は量子力学的に理解しています。たとえば、農業の分野では次のような成果が上がっているようです。

農業の業界紙、月刊『農業経営者』(農業技術通信社)の記事によると、イナゴが大発生している水田に対し、イナゴが稲の品質や収穫量に影響を及ぼさないようにという設定の下、その水田から遠く離れた七沢研究所からクイント・エッセンスを作動させる実験を行ったところ、実験開始翌日にはイナゴが稲に止まったまま死んでいたという。

比較のために対照区として設定した、隣接する水田では変わったことは何も起きなかったという。これはまさしくクイント・エッセンスの作用であったと考えていいだろう。

さて、ここだけを見ると、人間の都合に合わせてイナゴを駆除したようにも思えてしまうが、実はこの実験の前提として、七沢氏は水田の所有者に次のようなお願いをしていた。

「そもそも、神道の世界には害虫を駆除するという概念はありません。害虫という概念は人間の勝手な解釈に過ぎないわけです。山川草木、禽獣蟲魚《きんじゅうちゅうぎょ》のすべての存在、水田、畑、用水路にいたるすべての場所に神の魂が宿っています。人間はそのすべてと共存共栄していくというのが神道の基本的な概念です。

しかしながら、私たちは人間文化の社会に暮らしていますから、農作物が全滅するような非常事態には駆除もやむを得ないでしょう。とはいえ、やはり常日頃から禽獣蟲魚と共存共栄するための配慮は必要だと考えます。具体的には、農地の近隣に禽獣蟲魚のエサ場を用意したらいかがでしょうか」

おおよそこのような趣旨のことを七沢氏は伝えたという。

その後、この水田の所有者は水田脇の土手一面をエサ場としてそこでソバを育て、また用水路に魚道を造ることでカエルやドジョウの生息できる環境作りを行った。その結果、スズメは稲を食い荒らさなくなり、そのほかの禽獣蟲魚による被害も起こらなくなったということだ。

かつて、雨乞いは天皇の重要な責務であり、言霊の力でそれを成功させることが、天皇の王たることの証明でもあった。そんないにしえの雨乞いを思わせる、クイント・エッセンスによる天候操作は次のように行われた。

先ほど紹介した水田の所有者は、稲刈りの時期を何とか晴れにしてほしいと七沢氏に依頼。天候の操作は安易に行うべきではないという七沢氏の考えから、三日間の限定でクイント・エッセンスを作動させたところ、その人の水田のある地域だけが円を描くように雲がない状態となり、そこから少しずれた場所では雨が降っているという信じられないような状況になったという。

ただし、これには後日談がある。

無事に収穫が終わったので、その人物が「もうこれ以上晴れるのは終わりにしてください」と七沢氏に依頼したところ、その翌日から一週間ずっと雨が続いたのだ。つまり、人為的に雨を止めていたことの反動が起きたのである。

その人はそれを目の当たりにして、自然の動きに対して余計なことはしない方がいいと感じたという。七沢氏が「天候の操作は安易に行うべきではない」と考えていたのも、そういうことだったのだろう。（『言霊はこうして実現する』文芸社より引用）

これは、言霊に現実を創造するエネルギーがあるということのなによりの証明だといえそうです。それをだれもが使えるようにしたという点で、クイント・エッセンス・システムは間違いなく本物技術だと思います。私も活用しています。

なぜ、言霊にはそんな力があるのでしょうか。七沢さんが研究する言霊学では五十音のそれぞれに神様が宿っていると考えるようです。

『古事記』における神々の出現の順番と五十音が生起する順番について、七沢さんは次のように解説しています。

まず、天地が開かれ高天原に、

○天之御中主神《あめのみなかぬしのかみ》＝「ウ」

○高御産巣日《たかみむすひのかみ》＝「ア」

○神産巣日《かみむすひのかみ》＝「ワ」

の三神が出現された。そののちに、
〇宇摩志阿斯訶備比古遅神《うましあしかびこぢのかみ》＝「ヲ」
〇天之常立神《あめのとこたちのかみ》＝「オ」
の二神が出現された。これらは別天神《ことあまつかみ》とされる計五柱の神々となりました。さらに、
〇国之常立神《くにのとこたちのかみ》＝「エ」
〇豊雲野神《とよくものかみ》＝「ヱ」
の二神が出現。その後に五対の十神が出現し、計十七神となった。

このように日本語そのものに神様が宿るのであれば、言葉を大事にするのは霊的な成長にとっても大切なことだといえそうです。七沢さんは、日本語を使うのは西洋文明のよいところと東洋文明のよいところを統合することにつながるといいます。

また、日本語を使うことで日本人特有のＤＮＡがつくられると推測しているもようです。

5　否定と差別をしないのが大事なポイント

「びっくり現象」や前項のような「びっくり人」が集まってくる理由を考えてみると、絶対にど

んなことも否定しない、差別しない、という私の性格と関係している気がします。だれがなにをいってもまずは受け入れ、耳を傾けるからのようです。

私は絶対というくらいに人を差別しませんし、否定もしないし、人の悪口をいわない人間です。だから案外に人から嫌われません。会った人の話にはきちっと耳を傾けます。もっとも、最近は体調が不調ですので秘書が特別な人以外とはなかなか会わせてくれませんが。

この性格は、人材（人財）育成にも役立っているようです。たとえば、人件費の削減、特に人のリストラなどは、優秀ではない経営者のすることだと思っています。

なんの知識も持たない人間を正社員として採用するよりは、それなりの経験と知識を持った人間を、しかも派遣社員というかたちで採用すれば効率がいい……とする風潮には賛成できません。

社員には、たんなる「人材」ではなく、社会の財産ともいうべき「人財」になってほしいので、それには派遣社員というかたちでは具合の悪いことが多い思うのです。

そうした人財のひとりともいえる、元船井総研常務取締役で、現在SYワークス社長の佐藤《さとう》芳《よし》直《なお》さんは、『これからは人財の時代』（ビジネス社）でこんなことを語っています。

「船井会長のコンサルティングの現場を見ていて、いつも感動するのは、相手の人生を全力で、全面的に肯定すること」

「どのような過去もオール善。すべて必然だというスタンスで、相手を一人の人間として、全力で全面的に、しかも徹底的に肯定することです」


これを「過去オール善」「他者オール肯定」の思考といっています。

たとえば、会社の信用問題にかかわるほどの重大な過ちを犯してしまった社員に対して、叱りつけることなく「若いときはみんな失敗するもんだ」と声をかけたことが何度もあります。すべてをあるがままに受け入れてやるところから人財づくりが始まると思えるからです。

それに、人それぞれにそなわる個性、得手不得手の見極めが、多くの経験で的確になりましたから、相手を否定せずにすんでいるのでしょう。私は、相手の得意な分野、長所を見つけ、それを引きだして伸ばす能力に長けているようです。

それから、差別しないだけではなく、区別をするのも嫌いです。だから、相手が子どもでも大統領でも、先約を守るというのがつきあいのスタイルになっていますし、アポイントメントなしにやってくる人はどんな大物でもよほどの理由がないかぎり面会をお断りしています。

とにかくこのように、人を差別したり、区別したりするのが嫌いであるため、会社でもグループ分けや組織化がイヤですし、組織図のようなものをつくるのも好みません。株式上場を考えるまでの船井総研には、組織図すらありませんでした。不要だったのです。

6　特性①　PRの「超プロ」

それに周囲に集まってくる「びっくり現象」の解析や、それにかかわっている人をPRすることには、すぐれた才能があるようです。

現実に、「この本いいよ」とホームページに書くと、それが必ずといっていいほどAmazonのランキングであっという間に上位に入ります。そこから考えると、信用と「PR力」はあるようです。

このような、「PR力」は長所だと思います。

というのは、先ほど紹介した『「聖書の暗号」の大事なポイント』という本の広告を「日経新聞」に掲載しようとしたところ、それが拒否されることがありました。そんなことは初めてでした。

理由ははっきり教えてくれませんが、同書に書かれていることが公にされては困る勢力からの圧力があったような気もします。過去にいろいろなことで「日経新聞」に協力してきた私の著書の広告を掲載拒否するのですから、その背景にはそれなりの事情があるのだと思います。

いずれにしても、本当のことでも大メディアは取りあげてくれないことがあるのがはっきりしています。そこで、そういったところに頼らなくても世間に知らせることのできる自前のPR媒体をつくろうということで、とりあえず自分のホームページを強化したのです。

「船井幸雄.com」はいま、1日に平均7万アクセス以上があり、多い日には10万アクセスから30万アクセスありますが、そのアクセス数を1~2年中に4倍にまで増やしたいと思っています。今回の大震災以降は、本当のことを知りたい人々がたくさん閲覧してくれたようで、2011年3月中旬からおどろくほどの増加となりました。おそらく、これからもこのアクセス数は伸びていくでしょう。

そのようにPR力が強化されてきますと、ますます「びっくり現象」などが集まってくると思います。何か世の中の役に立つ情報を正しく広めようとするときに、「船井幸雄.com」は避けて通れないものになるようにしたいと考えています。

7　特性②　経営コンサルタントは生来の「超プロ」

私の予測力は、既述のように経営コンサルタントとしての能力と直結しているように思います。経営コンサルタントとしては、「超プロ」と1980年ごろから呼ばれてきました。たしかに実績を振り返ると、そう呼ばれるだけの成果は残してきているようにも思えます。

そこで、経営コンサルタントとしての私がどういう人間であったのか、いくつか書いてみましょう。

もちろん、2003年、70歳になってすぐに船井総研を辞めるとともに、経営アドバイスもビジネスとしては辞めました。

（1）1万5000社、数万件のアドバイス実績

経営と予測に関してはおそらく世界でもトップクラスの能力があるかもしれません。1961年から1977年までは約30パーセントが失敗ですが、77年以降、2003年までに1万5000社、数万件（おそらく6万件くらいです）の経営コンサルティングをやってきましたが、失敗といえる経験がないのです。

この数字は私の経営コンサルティング能力の実績です。かなり、生来のものがあると思っています。

（2）抜群のルール化能力

経営コンサルタントという仕事柄から、世の中のルールということを常に追求してきました。

余暇があると、「世の中の構造とルール」「人間のあり方」を研究し、今後、世の中がどう変化し、それに人間はどう対応して生きるべきかを考え、そのうえでいろいろな会社やひとりひとりのクライアントへのアドバイスをしてきたのです。

その基本となっていたのは、「自然」そのものだったのです。人間も自然の一部ですから、自然の理《ことわり》を観察すると人間のことがわかります。もちろん、なにより自然を尊敬しており、自然が好きだったことが幸いしたと思います。

特に、手つかずの自然が好きで、どんなに優れた芸術作品よりも自然のほうが美しいと感じるのです。自然は多くのことを教えてくれます。「世の中の構造とルール」「人間のあり方」といった問題がそこからすんなりと読みとけます。抜群のルール化能力を持てたのも、自然から多くを学んできたからのように思います。

そして出した結論は、人間は「自然の理」に従って生きることが、「上手に正しく生きるコツ」だということだったのです。このことについてはのちほど少し触れることにします。

（3）生命をかける姿勢

日本の経営コンサルタント界の草分けのような人間として、「どんな仕事（依頼案件）であれ、引きうけた以上、生命をかけて親身で取りくむべきだ」と口をすっぱくして後輩たちにいってきました。また、自分でも実行してきたと思っています。

「船井流経営法」と世の中でいわれている経営手法の最大のポイントもそこにあるのです。いくつか箇条書きにしてみましたので参考にしてください。

①生命をかけてやれば、必要なことはできる。

②親身になって客とつきあうべきだ（多くの経営コンサルタントや医師を知りましたが、彼らのほとんどは親身になってクライアントとはつきあわないように思います）。

③いまは大変化の時代だが、「正しく生きる」とすべてこれからはうまくいくようだ。その答えはわかったし、やり方、考え方もわかった。それは、「自然の理」に従うことだ。

④自分で納得できない、理解できないこと、そして成功の確信のないことは、どんなに人からすすめられてもやってはならない。

⑤経験がなによりの宝物だ。

⑥自分が一番好きなこと、得意なもので「超プロ」になることだ。それからいくつかの得意なことで、「超プロ」になればいい。

生命をかければ必要なことはできる、というのは机上の精神論ではありません。

たとえば、2009年の9月12日と13日に私はパシフィコ横浜で「にんげんクラブ全国大会」の講演をしましたが、実はこの1か月ほど前から体調がたいへん悪くて話せる自信がなく、当日も講演中に倒れる可能性が50パーセント以上あると感じていました。

しかし、生命をかける姿勢が力を与えてくれたようです。島博基さんという名医師が9月1日に突然に現れ、このときは元気にしてくれたのです。結果的に無事に講演会を終えることができました。しかも、2回とも名講演（?）ができたようです。

8 特性③「生き方の特性」も変わっているようだ

予測力、そして経営コンサルタントとしてのこのような能力は、生き方の特性とも関係しているように思えます。

私は自然の姿からいろいろなことを学んできたと書きましたが、これまでの人生を振り返ってみますと、そもそも自然の理に合う生き方をいやおうなくさせられてきたような気がするのです。

それについて整理してみました。

(1) 資格、賞罰なし

いまの私には資格と賞罰がいっさいありません。ともかく、資格や免許といったものとは無縁なのです。私見ですが、人生にこれらは、ほとんど役立たないと思います。

著書や論文を読んで博士号を授与したいという申し出もこれまでに何回かありましたが、すべて断りました。こんなもので人を区別するのは大嫌いなのです。

勲章をもらって嬉しいという感覚もわかりません。人間に上下の区別をつけるようなことがいいとは思えないのです。人が人を裁くのも問題だと思います。これらが私の生き方の特性の第一であり、「差別しない」という性質とも関係しているようです。

アセンションなどについても、「その人の魂の程度のレベルで行けるところが違う」というような話は、理解はできますが、好きではありません。人は魂の落ち着けるところへ行ければいいのです。それがいちばんいい考えだと思いますし、実際にそうなるのでしょう。

それから私の特性に、お金をどこからもいっさいもらっていないということがあります。

私は船井グループの中核にある船井総研の創業者でいま最高顧問という立場にありますが、役員をやめてからはここからも一銭の給料ももらったことがありません。そういう点で、金にはきれいに生きてきたといっていいように思います。しかし、よく働き、よく稼ぎました。いまも同様です。とはいえ金、地位、権力といったものは昔から私にとってはかなり面倒なものだったようです。ほとんど興味がありません。

（2）まじめに素直

これは字句のとおりです。

（3）善と美が大好き。単純化、自由化、調和化、効率化の人生

現実に、他人さまの言をストレートに聞きます。しかし、だまされることは最近はなくなりました。いうなれば、まじめで素直な人間です。それから善と美が大好きで、単純化、自由化、調和化、効率化を志向する人生を送ってきました。決まりごとで自他を縛りつけるのは大嫌いで、物事を自由にシンプルに考えることを好みます。

なにかを説明するときには、できるだけシンプルで簡単、単純を心がけていますし、本を書くときも最近は、小学生が読んでも理解できるような簡単な文章でわかりやすく説明するように努めています。本来の私からすれば、本書の文章はちょっとくどいですね。

会社だけはいくつもつくりすぎてしまいましたし、失敗作も多くありますが、みんなそこそこやっているようなので、それでよしと考えています。否定はしないほうです。

(4)フシギなことが大好き

これは改めていうまでもないでしょう。

「びっくり現象」に注目するのは、そこから学ぶことがあるというだけでなく、個人の生き方の特性としてそれが大好きだ、ということでもあるからです。

さて、前置きが長くなってしまいましたが、こういう船井幸雄という人間がこれから先の10年間くらいの近未来を予測して、人間はどう生きるべきかということをまとめたものが本書です……というのが、第3章のここまでの流れでお伝えしたかったことです。

予測はできるだけするべきではないと思っています。それにこだわるからです。とはいえ、予測のプロとして、いまは少しいいたいし、書きたいことがあるのです。たぶん、本書の予測はほとんど当たるでしょう。

第4章からは、みなさんが知りたいこれからのことを、本音100パーセントで書いてみることにします。

4

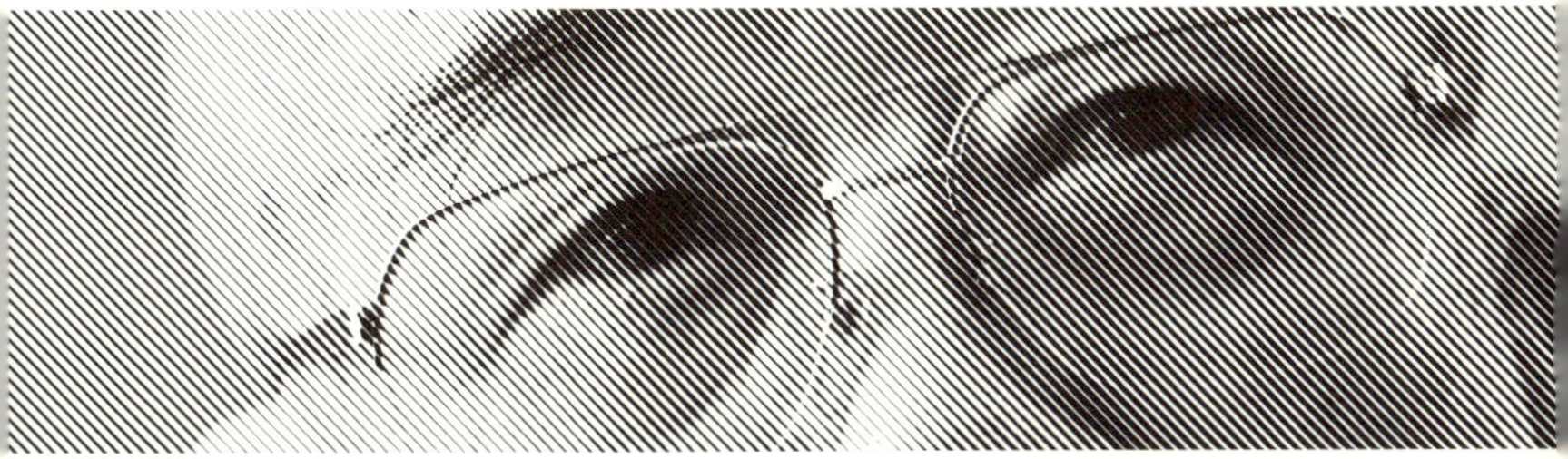

これからの10年はたぶんこうなる

1　2011年ごろから「大激変」が始まる

このところ私の予測は、そのときの多くの人の思考からしますと、常識的に変なことをいっているようですが、ますます的中するようになってきています。大きなことばかりでなく、小さなことまで含め、90数パーセント以上の確率で当たっています。

あまり当たるので、不特定多数の方向きの予測を口にするのは慎もうかとか、うれしくないことを考えたりいったりするのはやめようかとも考えています。

ところが、さきほど紹介したような、知人のフシギな能力の方々が教えてくれることがほとんど一致しているので、そこから必然的に導かれる私の直感というか、予測も大事なことが多く、つい伝えないわけにはいかない気がしています。

宇宙意識からメッセージを受けているという大石憲旺さんも『聖書の暗号』を研究する稲生雅之さんも、のちほど紹介する、マヤ暦をもとにしたコルマンインデックスを研究する高島康司さんもほとんどいうことが似ているのです。その他のカミンチューさんや美鈴さんなどの超能力者(?・)も同様です。

つまり――。

①すでに大変化は始まっている。
②2011年の10月28日が人類の意識が変わる大変化日のような日だ。その日の前後数か月から大変化がはじまる。
③2015年ころまでにより大きな変化が起こり、2020年ころまでに180度近く世の中が変わる。

……この3点が見事に共通しているのです。

しかも、『日月神示』からの情報などをそこに加えてみますと、これから2014年までは常識的には未曾《みぞう》有の困難が人間世界にもたらされる可能性がありそうです。

常識的に考えると、ありえない話ですが、それらの情報を教えてくれる人たちはいずれもその道の「超プロ」ともいえる人たちであり、いい加減な憶測でものをいう人たちではないのです。世の中をなんとかよい方向へむかわせることに生命をかけているような人ばかりです。しかも結論的には、私の経験上の勘とおおむね一致するのです。

ですから、読者のみなさんも「荒唐無稽《こうとうむけい》な話だ」と一蹴するのではなく、いったんは真剣にそれらの意見に耳を傾けて、少しでも納得のいくところがあれば対処策を考えてみてください。その対処策については本書内にヒントを書きます。

「良心」と「真の自然の理」に従って生きていれば、何があっても大丈夫だと思います。しかし、最近の世の中の変化が激しすぎるのは事実ですし、どう展開していくか常識外の予測外のことがよく起こっていますので、いろいろな意見を検討しておくに越したことはありません。

ともかく、フシギな能力者との出会いや、自分で学んだことから、人類の歴史の真実の姿とこれからどうなるか、だいたいわかってきたつもりです。本書はそれをまとめ、発表する本だともいえます。一部、わかりやすく書くために重複文もありますが、ご容赦ください。

30歳くらいから、余暇ができると「世の中の構造」や「人間の正しいあり方」についての勉強をこつこつとしてきました。そして、60歳くらいからは、さらに「人間の過去の歴史と、今後どうなるのか」についても真剣に考えるようになりました。

10万年以上昔の地球に、どんな人類がいて、彼らがどういう活躍をしていたかは、いまのところ憶測以外にはほとんどわからないのです。

ところが、数万年前からは、かなりわかってきました。大きな変化が起こったようです。平和でのんびり暮らしていたと思える地球人のところへ、レプティリアン、すなわち爬虫類の姿をした、非常にすぐれた科学能力を持つ「知的種族」が干渉してきたようだ、と考えています。

宇宙には多くのレプティリアン系の知的種族がいるようですが、その大半は友好的かつ好意的な存在のようです。地球に入ってきた種族も、はじめは、地球人の文化的向上に手を貸してくれたように思います。しかし、4万~5万年前くらいから、彼らの一部は地球人を支配しようという邪《よこしま》な考えにとりつかれたように思われるのです。

当時の地球には、ムーやアトランティスというような優れた文化を持った国や大陸があったようですが、レプティリアンたちは、1万3000年ほど前に彗星を海に落として、それらの大陸を沈めてしまい、ほとんどの人類はそのときに亡くなってしまったと考えるのが私見の仮説ですが正しいようにも思います。これは『聖書の暗号』やエドガー・ケイシーの研究からの推定です。

しかし、そのときに生き残った人々が徐々に増えていき、ふたたび文明を発達させるだろうことを、レプティリアンたちは宇宙の未来図書館ともいえるアカシックレコードの記録から読み取って、知っていたようです。そこで、今度こそは地球人を完全支配するために(旧約)『聖書』をつくってそこに「悪のコード」を暗号として書きこみ、自らを神と称し、お金をつくったり、フリーメーソンなど秘密結社の組織化などをやったりしたように思えるのです。

ところが、既述したように1990年代の後半になって創造主(?)が、彼らはもはや地球人や地球には不要だ……ということで、地球域から去るよう、命令したもようです。少なくとも『聖書の暗号』からはこのように読むのが正しいようです。

それと同時に、これまでレプティリアンたちの考えに従って彼らの手先となり、人類を支配しようとしてきた「闇の勢力」といわれる権力者たちの力の衰退がはじまりました。そこで、これからはレプティリアンたちの書きこんだ「悪のコード」の予言は、当たらなくなっていくと思います。これは『聖書の暗号』の「愛のコード」の内容からもわかります。

その一方で、心ある人びとが、エゴやお金から離れて、すばらしい世の中をつくろうと目覚めはじめており、本書で紹介している『聖書の暗号』や『日月神示』が、その彼らの心の支えとなりつつあるようです。これが現在の実情といえそうです。

稲生雅之さんが発見した『聖書の暗号』の「愛のコード」には、「2003年くらいから2013年くらい」に世の中が大きく変わりはじめ、とくにその変化の中心が「2009年~2013年ころ」になると示されています。

天災や人災は避けられず、人類は大きな困難に直面するようですが、早ければ2020年ころまでに日本人の「有意の人」が中心となって、闇の勢力とされるフリーメーソンやイルミナティの人々も抱きこんで、彼らの知恵も活用し、よい世の中を創るようになりそうだと「愛のコード」からは読みとれるのです。

そういうわけで、『聖書の暗号』には、私たち地球人が、すばらしい世界をつくることを示すものが入っており、その具体策を示しているのが「愛のコード」と『日月神示』だと考えています。しかし、変化にも産みの苦しみがともなうものであり、リーマン・ショックや東日本大震災などはそれらのひとつであると思っています。

さらに、これから10年がいよいよ正念場だと思われます。

それでも、第3次世界大戦や核戦争などは起きないように思うのです。よほど想定外のことがないかぎり、最近では、人類は『大本神諭《おおもとしんゆ》』や『日月神示』にあるような、「ミロクの世」をつくれるだろうと思いはじめています。

それでも、大激変は避けられないようです。経済的には未曾有の事態が2011年から2013年に起こると予測され、天災も人災もこれからますます増加していきそうな予感がします。

とはいえ、これらにつきましては、的中率100パーセントとはいかないでしょう。あくまでも現時点での「船井の仮説、予測」として参考にしてください。

2 よく当たる予測機関の予測① LEAP／E2020

いま、世界の情報機関が注目している予測機関・予測手法に、「LEAP／E2020」「ウェブボット」「コルマンインデックス」の3つがあります。おもしろいことに、いずれもほぼ同じことをいっています。つまり、資本主義的に考えると、もう経済はよくならない。GDPが上向きにならなければいけないというような信仰はすでに終わった、というのです。

「闇の勢力」や、先進諸国の一部のリーダーにはそれがわかっているので、この状態を打開するため、彼らはどうしても第3次世界大戦を引き起こそうと画策しているようです。

それは気になりますが、これらの予測機関の予測はとても参考になると思うので、ポイントだけを以下に紹介しておきます。

詳しく知りたい人は、高島康司さんの『未来予測コルマンインデックスで見えた　日本と経済はこうなる』（徳間書店）という本を参考にされるといいでしょう。

まず、LEAP／E2020です。

2006年1月に、汎ヨーロッパ政党「ニューロピアンズ」の党首であるフランク・ビアンチェリさんが設立したシンクタンクがLEAP／E2020です。彼は多くの研究者やエコノミストをネットワークで結び、ドルを基軸通貨とした現在の世界経済システムの先行きを分析する目的でこのシンクタンクを立ちあげたようです。そのレポートのひとつを高島さんの本から引用します。

これまでグローバルな世界経済の拡大を牽引してきたのは、アメリカの止《とど》まるところを知らない旺盛な消費であった。だがこの消費は所得の伸びに支えられたものではまったくなかった。それは無限に借金することを可能にした金融的なテクノロジーによってつくり出されたバーチャルな需要でしかなかった。このようなバーチャルな需要をつくり出すメカニズムは今回の金融危機で完全に崩壊し、もとに戻ることはまずない。あとには、支払い不能な莫大な借金に苦しむ国民だけが残ったのだ。

アメリカのみならず、主要先進国の国民は多かれ少なかれ似たような状態にある。しかし今、金融危機ならびにその後の世界不況に直面し、国民は政府、企業、メディアなどの社会組織に対する信頼を完全に喪失してしまった。逆に、今国民は信頼できる仲間との関係を樹立し、地域コミュニティーに回帰する方向に動いている。

これは、大きな車に乗り、家を何件も持ち、ほしいものを手に入れるためには借金もまったく厭わないというこれまでの消費行動とは正反対の動きである。地域コミュニティーに回帰した生き方は、幸福の源泉を家族や仲間との人間関係に見いだすのであり、車や耐久消費財など物の消費へとは向かわなくなる。

今このような消費性向の変化は主要先進国で加速している。したがって、アメリカの莫大な消費が支えてきたかつての状態に世界経済が戻ることはまず考えられない。それを実現しようとする政府のどのような努力もむだに終わる。(『未来予測コルマンインデックスで見えた　日本と経済はこうなる』徳間書店より引用)

この予測にある、先進諸国における貧困化とそれにともなう脱消費社会的な新しいライフスタイルの出現はすでに日本の若者に起きはじめていました。それが東日本大震災で、海をこえて日本だけでなくアメリカ人の節約志向をも加速化させたようです。

ＬＥＡＰ／Ｅ２０２０はこのほかに、ドルの下落に対する各国通貨の切り下げによる混乱と、先進諸国政府の財政破綻《はたん》、保護貿易化による背系貿易の縮小、先進諸国における中産階級の貧困化によるデモや暴動の多発、各国間の論争が発展した局地紛争……などが起きると予測しています。

どうやら、ＬＥＡＰ／Ｅ２０２０では第３次世界大戦といえるような大きな戦争までは起きないとしているようです。

それらの予測について、高島さんは次のように総括しています。

ＬＥＡＰ／Ｅ２０２０のこのレポートでは、２０１０年から２０１３年にかけて、（１）通貨論争（２）貿易論争（３）国民の反抗と反乱（４）局地戦争と次第に危機がエスカレートし、最後に（５）新しいシステムへの移行がはかられるとされている。

先進国の「脱消費社会」に向けた流れは、中産階級の貧困化の帰結としてやって来る。ということは、今回のＬＥＡＰの予測では、第４段階にあたる２０１０年第１四半期から２０１３年第４四半期までに「脱消費社会」的なライフスタイルがはっきりと現れて来ると考えて差し支えないようである。

しかしＬＥＡＰは、これが実際どのような経済のシステムになるのかは明確にはしていない。彼らのレポートは今後もずっと配信されるので、今後、この点がいっそう明確にされてくるはずである。（『未来予測コルマンインデックスで見えた　日本と経済はこうなる』徳間書店より引用）

数々の混乱が起きてくるものの、その裏面には先進諸国の「脱消費社会」へ向けた流れがあるというのがＬＥＡＰの主張です。現実から判断して、その見方は正しいようです。

3　よく当たる予測機関の予測②　ウェブボット

ウェブボット（ＷＥＢＢＯＴ）とは、インターネット上における掲示板など、不特定多数が集まるディスカッションサイトに「スパイダー」と呼ばれる言語収集用のソフトウェアを忍びこませ、人々が書きこむ「言葉」を収集して、分析を行う言語解析プログラムのことです。この手法で将来起こる出来事の予測を試みているのが「ウェブボット・プロジェクト」です。

開発者は元マイクロソフトのコンサルタントのクリフ・ハイさんという人で、最初、彼は株価の値動きを予測するプログラムとしてウェブボットを開発したもようですが、それが株価の値動きばかりでなく、近未来にどういった社会変動が起きるか、といったことまで予測できることに気づきました。

そしてそれが決定的になったのが、2001年9月11日の同時多発テロ事件です。ウェブボットはこの事件を3か月前にはっきり予測していたのです。

そういった予測が可能な理由は、ウェブボットがインターネットを介して人々の集合意識をとらえているからだと考えられています。つまり、多くの人々の集合意識の総意が経済の変動や事件・事故、そして天災を何らかの形で引き起こしていると思えるのです。

中矢伸一さんによると、ウェブボットが予測する近未来の姿には『日月神示』で示された内容と似ているところがあるということです。つまり、世界レベルの大激動がまもなく起こるとウェブボットは予測しているのです。

ウェブボットの最近の予測をいくつか紹介します。

・まもなくドルが崩壊していく。その過程でハイパーインフレーションが起こり、金融システムの完全な崩壊に向かって突き進む。結果、資本主義はこの世から消え去る。
・闇の勢力はますます力を失い、内部告発者が出たり、内紛を起こしたりする可能性がある。また、彼らの行状が明るみに出て、民衆の怒りと憎悪を買い、彼らは襲撃される。
・闇の勢力が隠していた宇宙人関連の情報が世に出る。また、新エネルギー(おそらくフリーエネルギーのような革命的技術）が登場する。
・戦争は起きる可能性がある。地球規模の気候変動や天変地異の活動も激しくなる。

このような世界的大混乱が２０１２年から２０１３年ごろまで続くだろうとウェブボットは予測しています。また、ウェブボットのどのレポートにも共通して表れるモチーフがあると高島さんは指摘します。いま挙げたウェブボット予測と重複しますが、重要なのでその部分を引用しておきます。

▼ウェブボットの描くシナリオ

ところで、そのようなウェブボット・プロジェクトのどの報告書にも共通する未来のモチーフのようなものが存在する。それは次のようなものだ。

将来、基軸通貨としてのドルが放棄され、ドルの価値が大幅に低下する。その結果、アメリカ国内でハイパーインフレーション（貨幣価値の低落から起こる極端な物価高）が発生する。これが原因で食糧の価格も高騰しアメリカ国民の生活は立ち行かなくなる。

これが引き金となり、アメリカ国内で暴動や革命騒ぎが発生し、かつてのリーダーたちは権力の座を追われ、社会の秩序が混乱するというのである。（『未来予測コルマンインデック

スで見えた　日本と経済はこうなる』徳間書店より引用）

ただし、ウェブボットの予測にはいままでに明らかに外れたものや、時期や物事の規模が違っていたものも少なくありません。

たとえば、２００９年の時点でウェブボットは、「２００９年10月26日ごろに、イスラエルのイラン攻撃かそれに類する事変が発生する」「イスラエルがイランを攻撃した際の誤爆によって放射性物質が飛散し、それがジェット気流にのって世界的に甚大な被害をもたらす（約2億人が死亡する）可能性がある」などと予測していましたが、これらは外れました。外れてよかったと思います。

実はこのようなウェブボットの予測を耳にした2年ほど前に、私は『聖書の暗号』から日本の大都会に近く大地震が来る、富士山が噴火するだろうという情報を得ていました。

そこで、２００９年の9月12日と13日の両日の「にんげんクラブ大会」で、それらを最低限で抑えたいと考えていたのです。３０００人以上の有意の人（世の中のルール〝人間の正しいあり方〟などを知り、正しく考え、正しく生きよう……と気づき、勉強に取り組みはじめようとしている人か、すでに取り組んでいる人たち）が一堂に会して行う思いと祈りによって大難を小難にしようということです。

このとき、私の体調は最悪でしたが、2日間で1万人弱の人たちが私の話を聞き、大難を小難にするために、一緒に念じ、祈ってくれました。

その祈りが大難を退けたかどうかはわかりません。しかし、いまは人びとが、特に日本人がそのような祈りや願いの気持ちを持つことが大切だと思います。今回の東日本大震災でもそれは同じです。『聖書の暗号』の「愛のコード」や『日月神示』からいまのところ、日本人が心をあわせて祈ることで、大難は小難になると思えるからです。

実はクリフ・ハイさんも、「大難を小難にする」という思いでウェブボットの予測を公開しているようです。

このことについては、中矢伸一さんと高島康司さんとの間でディスカッションがなされています。ウェブボットの分析対象となっているのは英語圏のサイトにかぎられているため、ウェブボットはアメリカなどそれらの国々の人たちの集合意識を見ていることになるのではないか、というのが中矢さんの指摘です。

つまり、アメリカを中心とした欧米世界はこれから崩れようとしているので、どうしても「崩壊」とか「衰退」「戦争」「革命」といった内容が多く出るようだという指摘です。そして、日本にはこれからの世界を救う鍵があるのに、ウェブボットでは日本語圏のサイトを分析対象としていないために、予測が外れることがあるのではないか……と中矢さんは考えているようです。

一方、高島さんもこの中矢さんの意見には同意していて、ウェブボットは特にアメリカ人の深層無意識のイメージの現れであるため、いわばアメリカ人の悪夢をかいま見ているようなものだ……と述べています。しかし、ウェブボット自体の運営者たちは、その悪夢のような状況を避ける役割が彼ら自身にあるのだと考えているようです。

つまり、ウェブボットの悪い予測は当たらないほうがよく、外れたのであれば、その予測をした意味があったというのです。

ウェブボットの予測には非常に不穏なものが多いのですが、大難を小難にすることを意図したものだとすれば、そこにはそれなりの意義がありそうです。私は、中矢さんの意見から、日本人にとっての『日月神示』の重要性を改めて認識させられました。

4 よく当たる予測機関の予測③ コルマンインデックス

マヤ・カレンダーの長期暦が終わる日として「2012年12月21日」という日付が、ここ10年くらいは一般にも話題になってきました。このときに人類の存亡の危機、あるいはアセンションが起きると考えていた人も多いようです。

しかし、最近では生物学者のカール・ヨハン・コルマンさんによる「コルマンインデックス」

マヤ・カレンダーの文化を受け継いだアステカ人によるアズテックカレンダー。ここに記された「終わりの日」がいつなのかについては諸説があるが、それが間近に迫っていることは間違いない。

という新しい解釈が脚光を浴びています。それによると、マヤ・カレンダーが区切りをつける日は2011年の10月28日だというのです。どういうことでしょうか。

マヤ・カレンダーには、ハーブ暦、ツォルキン暦、長期暦の3つの暦があるそうです。そのうち神聖暦とされるツォルキン暦の最後の日は「13アハウ」と呼ばれる日であり、このときに宇宙のすべてのエネルギーはリセットされ、ゼロになると考えられているというのです。

コルマンさんは、すべてがリセットされるこの「13アハウ」の日こそ、マヤ・カレンダーの長期暦が終わるのにふさわしい日であると考えたようです。それなりに、筋の通った考え方だといえます。

ところが、一般的にマヤ・カレンダーの終わりとされていた2012年12月21日は「4アハウ8カンキン」という中途半端な日だというのです。これは長大な暦の終わりにはふさわしくないように思えるということです。

そこに疑問を持ったコルマンさんは、古代マヤの伝承や神話を記した『チラム・バラム』という書を詳しく調べました。すると、紀元後600年前後にマヤのパレンケという都市の神官たちがコルマンさんと同じ疑問を抱き、長期暦を再度計算したところ、実は長期暦は実際には「13アハウ」の日に終わっているのを確認していたことがわかったそうです。そして、この「13アハウ」の日に当たるのが2011年10月28日だったというのです。

コルマンさんの説明には説得力があります。私は今年3月に72歳で亡くなった、「2012年12月21日説」を唱えたホゼ・アグエイアスさんもよく知っていたのですが、論理的にも直感的にもコルマンさんの説のほうが正しいと感じています。

コルマンインデックスのもうひとつの特徴は、その遠大なタイムスケールにあります。これまでマヤ・カレンダーは紀元前3114年8月11日に始まり、2012年12月21日に終わると考えられていましたが、コルマンさんはマヤ・カレンダーは9つのサイクルでできあがっており、第1サイクルはビッグバンが起きた164億年前に始まったとしています。

各サイクルには意識の進化にかかわるそれぞれのテーマがあり、どのサイクルも「7つの昼」と「6つの夜」の組み合わせで進むといっています。それを意識の進化と創造のリズムと考えればいいというのです。

コルマンインデックスは、その9つのサイクルとそのなかにある昼と夜の期間における人類を含んだ宇宙的な意識進化の予定表であると判断できるということで、日時と出来事を指定した具体的な予測を行うことはできないとコルマンさんはいっています。しかし、高島さんによると、どの期間にどのようなことが起きるのかということについては抜群の適中率を誇るもようです。

たとえば、コルマンさんが2004年に出版した本には、「それがどのような金融危機になるにせよ、それは2007年11月からの第5の昼に始まるであろう」とリーマン・ショックに始まる世界金融危機が正確に予測されていました。２００４年といえば世界経済は最高の経済成長を達成した年ですから、その時点で金融危機を時期まで含めて予測するのは本当は難しかったはずです。それでも、ここまで的中させたのです。

コルマンさんは、もはや「（資本主義的な）経済成長はありえない」といっています。それは経済の状況のひどさをいっているばかりでなく、もっと深い意味があるようです。高島さんは「それは、人類の意識が先に変容してしまい、現在の経済システムを放棄するようになるということだ」と説明しています。

コルマンさんの考えでは、どのような歴史的な事件や出来事も意識の進化の結果として起こるということのようです。つまり、意識の進化が出来事に先行して起きているというのです。そして、これからの人類には資本主義的な経済成長をもはや希求しないような意識が生まれてくるというのです。

コルマンさんと親しい高島さんの解説を読むと、よく理解できます。

コルマンさんはある論文のなかで次のように述べています。

実は経済成長の希求は、人間の意識が左脳と右脳に二極分化し、統合できなくなっていた事実にあるのである。この分裂状態から心の限りない空虚感が生まれるのであり、人間はこの空虚感を物質的な満足で充足しようと、あくなき経済成長を希求するようになったのだ。過去5000年間、経済成長は人類史のメインテーマであったが、それは特にプラネタリーアンダーワールド（第7サイクル）のむやみな意識が一般化した時代にとことん加速し、これとともに人口も増加したのである。

だが、意識の統合とバランスの回復がテーマとなるギャラクティックアンダーワールド（第8サイクル）では、経済成長と人口の増加を希求する欲求そのものが消失してしまうのである。この意識変化により、われわれ人間は、地球環境や地球上に存在するあらゆるものを、これまでのように左脳の計算によっていかようにでも収奪が許される生命のない単なる物質として考えることはできなくなる。（『未来予測コルマンインデックスで見えた　日本と経済はこうなる』徳間書店より引用）

そのような意識進化の結果として生まれてくる脱消費社会のあり方をコルマンさんは「持続可能な社会」と呼んでいます。

これは、LEAP／E2020のいう「地域コミュニティーへの回帰」と同じことをいっているのでしょう。また、ウェブボットでは「広域自給自足経済圏」という概念で同じことを説明しています。

これはまた、『日月神示』の説く「ミロクの世」の様相とも完全にシンクロしているようです。「土おろがめよ」「都会の中に田舎があり、田舎の中に都会がある」と示されているのがまさにそのようです。このシンクロぶりにはびっくりします。

そのような都市は災害にも強いはずです。東京一極集中の危うさについて、今回の大震災でさまざまな問題点が浮上してきたことからも、それは明らかでしょう。

『日月神示』には、経済のあり方が大きく転換することを示唆《しさ》するか所が数多くあります。そのいくつかをここにご紹介しましょう。

「金では治まらん。ここまで申してもまだ判らんか。金では治まらん悪の総大将もそのことを知っていて、金で世を潰す計画ざぞ、判っている守護神殿早《はよ》う改心結構ぞ」

「金で世を治めて、金で潰して、地固《じがた》めしてミロクの世と致すのぢゃ。三千世界のことであるから、ちと早し遅しはあるぞ。少し遅れると人間は、神示は嘘ぢゃと申すが、百年もつづけて嘘は云えんぞ。申さんぞ」

「金は要らぬのざぞ、金いるのは今しばらくぞ、生命は国に捧げても、金は自分のものと頑張って居《お》る人間、気の毒出来るぞ、何もかも天地へ引き上げぞと知らしてあること近づいて来たぞ。金がカタキの世来たぞ」

「今の経済は悪の経済と申してあろがな、もの殺すのぞ。神の国の経済はもの生む経済ぞ。今の政治はもの毀《こわ》す政治ぞ、神の政治は与える政治と申してあろが」

「ミロクの世となれば、世界の国々がそれぞれ独立の、独自のものとなるのであるぞ。ぢやが皆それぞれの国は一つのへそで、大き一つのへそにつながっているのであるぞ。地上天国は一国であり一家であるが、それぞれの、また自《おの》ずから異なる小天国が出来、民族の独立性もあるぞ。一色に塗りつぶすような一家となると思うているが、人間の浅はかな考え方ぞ。考え違いぞ。この根本を直さねばならん」

いかがですか。3つの著名な予測機関とのシンクロぶりにびっくりさせられるでしょう。

ここで紹介した、LEAP／E2020、ウェブボット、コルマンインデックスに関する最新情報は、高島さんのブログ「ヤスの備忘録　歴史と予言のあいだ」(http://ytaka2011.blog105.fc2.com/)で詳しく知ることができます。

参考のために読んでみてください。

5　資本主義的にいえば、これからの世界経済はマクロには絶対によくならない

ここで、経済問題に関して確実に予測を当てつづけている「超プロ」として、私の友人の朝倉慶さんと藤原直哉さんの名を挙げておきましょう。

両者に共通している意見は、まもなく全世界にハイパーインフレが起こり、資本主義が完全につぶれてしまうということです。この意見は、これまで大きな声で語られることはなかったのですが、いまでは、大震災と原発事故で混乱する日本が全世界を巻きこむハイパーインフレのきっかけをつくる可能性も識者間でいわれるようになってきました。

まずは、若干皮肉の効いた書き出しで始まる次の朝倉さんの文章を読んでみてください。おふたりの著書から大事なことを紹介します。

「デフレを止めろ!」と言って日本中で一生懸命インフレを目指しているわけですが、ご安心ください。2011年、海外からしっかりインフレがやって来るのです。日本の限りない金融緩和がもたらしてくれたものが世界に伝播し、お望み通りのインフレとなってやって来

ます。日本人だけではいくらやっても起こせなかったインフレが、アジア30億人の力を借りて、悲願の夢をかなえてくれるのです。そして日本人はそのとき、インフレとはどういうものなのか、知ることになります。2011年か12年、日本人は驚くことでしょう。インフレの恐ろしさを目の当たりにするのです。

そして同じく世界も大きく変化していくでしょう。デフレからインフレへの変化です。日米欧では不景気は変わりませんし、仕事も増えもしません。それなのにインフレが襲ってくる。必需品だけが異常な値上がりとなるのです。発展を求めていよいよ限りある資源の奪い合いが本格化すると思えばいいでしょう。リーマン・ショックから脱出するために投下した山のような資金は、日米欧を通り越し、BRICS（ブリックス）＝（ブラジル、ロシア、インド、中国）そしてアジア地域で爆発して世界を破滅させるインフレに追い込んでいきます。ついに溢れかえったマネーの逆襲が世界で始まろうとしているのです。

今回のインフレの初期段階、実は物が上がって庶民が苦しんでいるうちはまだかわいいほうなのです。本当に怖いのはそれからで、この物価上昇の勢いが金利に火をつけることになるのです。金融市場にこの必需品上昇の勢いが伝播することが恐ろしいことなのです。

仮にこのような諸物価の高騰に音を上げて金利上昇ということになれば、どうなりますか？　日本で金利が通常レベルとされる5％になったらどうですか？　1000兆円も借金がある日本国は金利の支払いだけで50兆円、税収が37兆円しかないのですよ！　いずれは国家破綻ではないですか！

日本国債はどうなります？　郵貯はその資産の8割以上が国債で、約155兆円も保有しています。金利が5％になろうものなら国債は大暴露、含み損だけで40兆円以上になるでしょう。仮に10％の金利ともなれば、半分の70兆円以上がなくなってしまいます。これで金融システムが持つと思いますか？

いよいよこのような恐ろしい流れが始まるのが2011年、そしてこの流れは2012年にかけて加速、世界中で勢いがついていくことでしょう。リーマン・ショックなど幕開けにしかすぎなかったのです。大混乱の本番、株の暴落よりも数段恐ろしい債権の大暴露（金利高騰）による世界的な資本主義システム崩壊の交響曲が鳴り始めるのです。（『2011年 本当の危機が始まる！』ダイヤモンド社より引用）

朝倉さんはBRICSとアジア地域に過剰に供給されてきたマネーとそれらの地域に住む人々の旺盛な消費欲求が引き金となって爆発的なハイパーインフレが起きると説明しています。

みなさんもご存じの通り、食料品の世界的な高騰という形でそのインフレ傾向はすでに現れているのです。もう時間はほとんど残されていない、と感じられます。やはり、ハイパーインフレとそのあとに続く資本主義の崩壊は避けられそうもありません。

しかし、前項で述べたように、それは「ミロクの世」へ変わるために必要なことだと考えられます。朝倉さんも私の考えに賛同してくれているようです。

朝倉さんは私との共著のなかで、これから未曾有の混乱が始まるけれど、私たちはそれを楽しむこともできると書いています。

私は、2002年に出版した『断末魔の資本主義』（徳間書店）で、資本主義は滅びる、「自分だけ」「お金だけ」を追求する社会システムは滅びる……とはっきり予測しました。この本は朝倉さんにとって衝撃の書であったようで、時間的な予測のずれは少しありますが、すべてこの本の予測通りに進んできていると考えているようです。

しかし、そのことをあまり悲観的にとらえすぎてはいけない気がします。「世の中で起こることは、すべては必要、必然、ムダなことはない」と思えるからです。「宇宙の意志」を伝える『聖書の暗号』と『日月神示』は、最後にはすばらしい世界を私たちはつくりだすことになる、ともいっています。しかも、日本人の特性がその一助になるということです。

この朝倉さんの新著『2012年に日本経済は大崩壊する』が、今年7月に幻冬舎から出ています。ぜひ、お読みください。ただ、金《ゴールド》は上るから投資によい、と書いてあると思いますが、私の意見は「金投資は要注意」です。

さて、もうひとりの経済予測の超プロである藤原直哉さんも、日本人の底力に期待を寄せているようです。また、これから起きてくる大激変を「神の世直し」と位置づけて、文明が崩壊した後には新たな文明を自らの手で創造すればよいと私たちを鼓舞してくれています。彼の本からいくつか転載します。

●世界はゴロンとヨコ型に変わった

ここまで見てきたように、アメリカを筆頭とする欧英米の崩壊、連鎖的な国家破綻、世界金融メルトダウンは、避けられないものと思います。

アメリカ合衆国もバラバラになり、中国も民族ごとにバラバラ、ヨーロッパもバラバラになっていくという時代ですから、だれも世界のリーダーシップをとることができない、そういう状況に陥ります。

その後に続くのは、非常に残念ながら、激しい戦争の時代ということになりそうです。

9・11同時多発テロで、アメリカの「金融・軍事」という世界覇権の背骨が折れたこと、WTC（世界貿易センター）のビルなどが崩壊したのとリンクして、これまでの欧英米が築いてきた近代500年間の世界の金融、経済、覇権は倒れてしまったと考えたほうがわかりやすいでしょう。

日本の政治、官僚体制が東日本大震災で変わろうとしているのと同じように、世界の秩序もタテ型社会からヨコ型社会に、ゴロンと変わったのです。

この変化で混乱はもちろん起こります。なにしろ、中東で戦争が勃発すれば、日本には原油が入ってこなくなり、世界の商品市場は即日高騰するでしょう。

日本でも、かつて石油ショックの時に、根拠のまったくないデマに乗せられて、トイレットペーパーがまさしく奪い合うように買われ、どこでも売り切れとなったことがありました。あの光景が再現されるかもしれません。

現在は、さまざまな技術があるのですから、もし、原油が輸入ストップして足りない、ガソリンが足りないということになれば、バイオ・フューエルの製造ラインを準備しておいて、植物から燃料を作ればいいのです。

対応策は、いくらでもあるはずなので、パニックに陥ることなく危機を乗り越えていけばいいと思います。日本には製造業の底力、人の和と組織力がありますから、きっとそれが可能だと思います。

●今日一日を、永遠の繁栄の初日とする

過去の歴史に記されたあまたの文明の膨大な失敗の記録は、「生きた教科書」となります。

過去のことをあれこれ悔やんでもしかたがありませんが、過去の出来事を反省し、そこから学ぶことには大きな意義があります。その教訓は、今日、この場から生かすことができるものばかりなのです。

今、進んでいる大崩壊が、「神の世直し」であるとしたら、それはとことんまで解体されていくでしょう。超大国はなくなり、個々の国がそれぞれの強みを再発見しながら、ゼロからやり直すことになります。

文明は崩壊し、消滅しても、そのあとの廃墟に立った人は、横に連携してまったく新しい文明を自らの力で創造しはじめるでしょう。

今日、この日を光り輝く文明の新たな第一歩を刻む日としていきたいと思います。(『神の世直し！　世界大恐慌3年目!!』あ・うんより引用)

ふたりとも資本主義の破綻を語っているのに、新しい時代への希望を感じさせる内容となっています。これは、同感です。

『日月神示』のいう「ミロクの世」が到来するためには資本主義は終わりを迎える必要があるでしょう。というのは、資本主義は人間のエゴで100パーセント動いており、それは「ミロクの世」がもっとも嫌うもののひとつであるからです。

もちろん、資本主義の消滅には多くの苦しみが伴います。しかしそれは、「ミロクの世」が創造されるゆえの「産みの苦しみ」のようなものだと思えばいいのです。

6　これから天災・人災がますます増えそうだ

大規模な天災や人災が増えてきており、これからさらに増えてくるでしょう。

今回の地震も、2004年のスマトラ沖地震も観測史上最大級のマグニチュードであり、10年もたたず、このような大地震が起きるというのはたいへんなことです。それとともに近年、ニュージーランド、ハイチ、中国の四川《しせん》などでも大地震が起きました。

また、世界各地で報告される、竜巻や寒波、洪水や水不足といった、さまざまな異常気象のスケールも年を追うごとに大きくなってきていますが、しばらくするとそのことに慣れてしまって、当たり前のようになってしまっています。よく考えるととんでもないことが起きているのですが、人間のほうの感性がマヒしてきておどろかなくなってしまうのです。

天災だけでなく人災による環境破壊も問題になっていて、今回の福島第一原発の事故のほか、メキシコ湾の原油流出事故なども記憶に新しいところです。

そういったことを考えますと、『日月神示』のいう「世界中を泥の海に……」というのも起こりえないことではなさそうです。

『聖書の暗号』がいうように太古にムーという大陸があったと仮定すると、それが沈んだのは紀元前1万1000年ごろ、いまから約1万3000年前だったと想定できます。

この1万3000年というのは「地球の歴史サイクル」などから判断すると気になるサイクルです。ムーは現在の日本につながる可能性が大きいと思われるので、日本列島の一部、たとえば東京のように海に面した地域が沈む可能性もあるのではないかと思います。

加えて最近は、世界中で頻発する大地震の影響で地軸の傾きが変わってきていたり、1日の長さが違ってきていたりするという情報も信用できる筋から報告されています。北の磁極の急速な移動は学者たちによって確認され、公にされていることです。このように現状を見ると、そう遠くない時期にポールシフトなど大規模な地殻変動の起きる兆候といえるデータがかなり揃ってきているといわざるをえません。危険性は非常にあります。

一方、人災に関していえば、意図的に起こされるものとして戦争が大きな問題となってくるでしょう。

『聖書の暗号』ではイランとイスラエル、そして尖閣《せんかく》諸島をめぐって世界戦争が起きると予言されていますが、それは「悪のコード」によるものですから、闇の勢力の意図していた計画であるということでもあります。事実、それを裏づける情報がたくさん寄せられています。

2009年のスマトラ島沖地震で倒壊したホテルのがれきを取り除く救助隊員たち。ここ数年、地震や台風の被害規模は、これまでにないくらい巨大なものになっている（写真＝ロイター／共同通信）。

いずれにせよ、いま世界戦争を起こしたがっている人々がいるのは確かなことであり、それを防ぐには、これから本書で述べる対策を多くの人が理解して実行することが重要だと思われます。

そして天災のほうについても、対処策を立てておけば心配不要と思っております。これは100パーセントの本音です。その方法については次の第5章に書きます。

さて、そろそろ、この第4章で書いてきたことのまとめをしておきたいと思います。

私も含め、現在の地球人の個々人は、ほんの一部の真理だけしかわからないのです。しかし、多くの人の体験、考え方をまとめるとかなりのことがわかるようです。

さらにいま、地球人より優れた知性存在が特に、多くのヒントを私たちに与えつづけてくれているようです。それは松原照子さんのブログなどから、だれでもよくわかります。しかも、その回数と情報量は最近になって急速に増えてきつつあるように思えます。

これまでの私は、そんなことを勉強する時間は取れなかったし、その気にもならなかったのですが、体調を崩したことで時間的余裕ができたおかげでその気になり、勉強し研究する時間ができました。その意味ではこの原因不明だった4年余の難病（？）もありがたいものだったといえそうです。

この第4章で書いたのは、体調が悪くなってからの4年余で知ったことのうち、特に大事だと思えることを記したのです。その結論の要点だけを以下に簡単にまとめてみます。第5章に進むまえにおさらいしておきます。

①われわれ地球人はこれまでは幼く、限りなく自由にさせるには愚かすぎた。それゆえ高次元存在によって何千年も前からひとりひとりの人生の大枠が決められ、コントロールされてきたようだ。

②この幼く愚かな地球人を急速に発育させるため、ここ何万年かの間、地球人は「闇の勢力」ともいえそうな爬虫類人（アヌンナキ＝レプティリアン）（?）の支配下にあったといえそうだ。

しかし最近、その「闇の勢力」の本体は地球域から去っていったようである。結果、「闇の勢力」の残滓ともいえる人々（フリーメーソンやイルミナティといった組織を含む）も、いままでの考え方や力を急速に失いつつあるようだ。

③地球人のなかにも、正しい人間としてのあり方を認識をする者が現われはじめたと思われる。そして、２０１１年10月28日前後数か月くらいからは、高次元存在によるコントロールを離れて、地球人は自分自身で歩むべき道を選び取るようになるようだ。

④いま、地球人は大変革期にさしかかっている。「自分だけ、いまだけ、お金だけが何よりも大事だ」という価値観がなくなろうとしている。おそらく、あと20年もたたない間に地球人社会

は、住みよい、悩みや病気のない、よい社会に大変革するだろう（具体的には第5章で示します）。それは『日月神示』に「ミロクの世」として示されているもののようだ。

⑤そこへむかう過程において、資本主義は近々に崩壊するだろう。そもそも資本主義には根本的に矛盾があり、それが表出しはじめた。お金（money）というものが不要になる社会が近未来には出現しそうだ。貧富の格差もなくなるだろう。いまはその直前の夜明け前のような暗黒の時代であり、「お金万能」「格差拡大」「策略陰謀」の極にあるが、それはすでに崩壊しつつあるようだ。

⑥これまで隠されていたことが、はっきりと公表されはじめた。一部のいままでの支配層の情報統制力が弱まり、現実に隠しきるのは不可能になってきた。先進国では、真実が多くの点で公然とわかるようになってきた。

この章で予測した大激変のいくつかはすでに始まっています。みなさんもそれぞれの立場でそのことを肌で感じておられることでしょう。

次の第5章では、この大激変をみなさんひとりひとりが、また地球人類全員がどうやって乗り越えるべきかということについて、ヒントになりそうなことをお伝えしようと思っています。

『日月神示』が正確に未来と対処法を示している

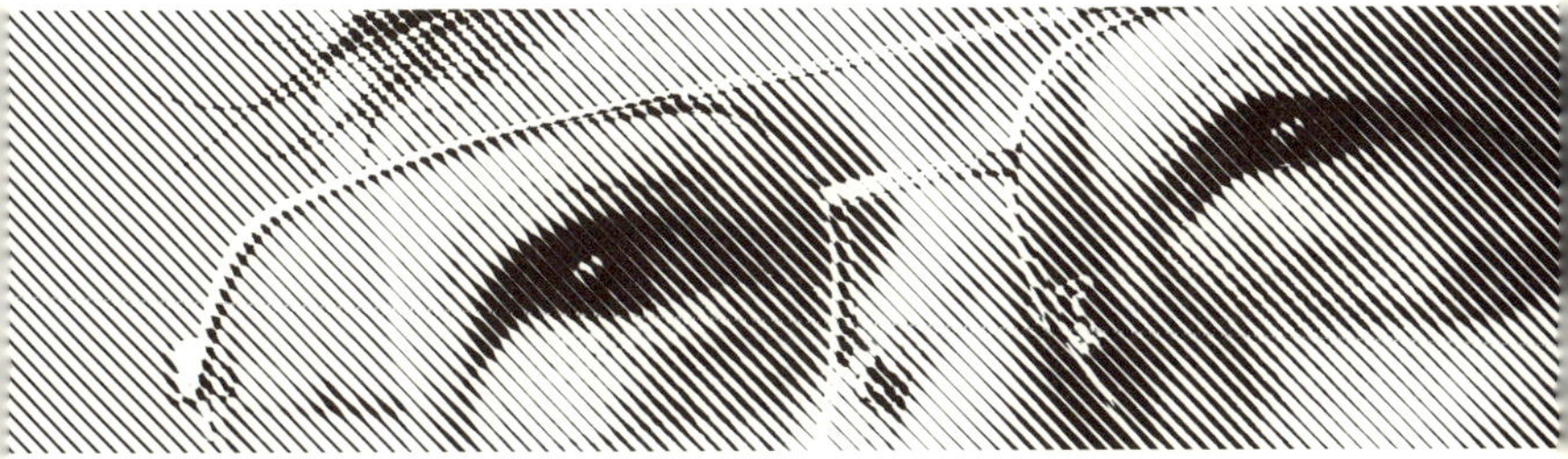

5

1　これからの正しい対処法は『日月神示』に書かれている

何回も繰り返していいますが、『聖書の暗号』には、『日月神示』に正しい生き方が示されているとありました。その『日月神示』には、次のように書かれています。

「仕組み通りに出て来るのざが、大難を小難にすること出来るのざぞ。神も泥海は真っ平ぞ、臣民喜ぶほど神嬉しきことないのざぞ」

「大難小難にと祈れとくどう知らしてあろがな、如何様にも受入れてよき様にしてやる様仕組てある神の心判らんか、天災待つは悪の心、邪と知らしてあるがまだ判らんのか」

「用意なされよ、用意の時しばし与えるから、神の申すうち用意しておかんと、とんでもないことになるのざぞ」

「この神示《ふで》で知らしただけで得心して改心できれば、大難は小難となるのぢゃ、やらねばならん。戦は碁、将棋くらいの戦で済むのぢゃ、人民の心次第、行い次第で空まで変わると申してあろがな。この道理よく心得なさりて、神の申すこと判らいでも、無理と思う事も貫きて下されよ」

ここに、これからの大激変（?）に対処するヒントがありそうです。ここ60数年の世の中は、マクロにはこの神示のとおりになってきました。それを知りますと、『日月神示』に従うことで大難を小難に変えられるようなら、なにが起ころうと乗り越えていけると思えます。

『日月神示』は世に警鐘を鳴らす予言書であると同時に、正しい生き方の指針を示すもののようです。世間にはいろいろなスピリチュアル系の人がいて、それぞれにメッセージを発信していますが、正直なところ、どこまで信用していいかわかりません。しかし、『日月神示』は信用できます。しかも日本人向きのものだと中矢伸一さんはいっています。同感です。

神示に示されていることをすなおに実践するのは、そのまま「身魂《みたま》磨き」となり、そのようにして自分を磨いていれば、むずかしいこのたびの「大峠」があっても楽に越せると書かれています。神示にはむずかしいことは書かれていません。だれにでもできることばかりです。日本人の特性をすなおに発揮すれば、それで十分なようです。

神示という言葉の響きから、宗教的な教えを感じてしまう人も少なくないようです。しかし、『日月神示』には宗教的行為をすすめるようなところはいっさいなく、日本人にとって、かつては当たり前だった生き方をすすめているだけです。

その当たり前のことが当たり前にできなくなってきたからこそ、いまは大変革が要されていると受けとめればいいでしょう。

私の友人たちのうち有意の人、つまり心の進んだ人たちのなかには、「何かわからないことがあるときには『日月神示』を読む」という人が多くいます。医師や経営者などにも多いのですが、医学的なことについても正しい答えが出ている、と医師たちはいっています。

たしかに、読めば読むほど、今後のことや正しい生き方のわかるのが、この神示のようです。

岡本天明《おかもとてんめい》さんが筆写した神示の原文は一般人には読むのも難しいのですが、中矢さんの本はいずれもわかりやすい解説本となっています。これからの時代に欠かせないことが解説されていますから、できれば何冊か入手して読んでみるといいでしょう。

少し読んだだけでも、反省することが多くあります。「なるほど」と納得させられます。

以下、『日月神示』の示す生き方のポイントを、かいつまんで説明します。

『日月神示』は8通りに読めるといわれており、読み手の意識レベルによって感じ方や受け取り

（上）ほとんど解読不能といっていいような文字で記された『日月神示』。現在でもその解読作業は進められている。（下）画家として絵筆を手にする岡本天明。

方も違ってくるようです。だから気楽に読んでみて、心に感じるところから素直に受け取ってみるといいようです。

2　徹底した性善説、そして戒律は否定

『日月神示』を読むと、その全編が性善説に貫かれていることがわかります。どうやら、『日月神示』を降ろした神さまは性善説に立っているようです。さらに、戒律を否定しています。本性が善だとすれば、戒律で縛る必要はないということなのでしょう。

そのとおりだと思います。個人的にも戒律や束縛といったものが好きでないから、よりよくわかります。

「戒律をつくってはならん、戒律がなくてはグニャグニャになると思うであろうなれども、戒律は下《げ》の下の世界、今の人民には必要なれど、いつまでも、そんな首輪はいらんぞ、戒律する宗教は亡びると申してあろうがな」

「今迄の様な宗教や教の集団はつぶれて了《しま》ふぞ、神がつぶすのではないぞ、自分でつぶれる

のざぞ」

「歓喜に裁きのない如く、神には裁きなし。裁き説く宗教はいよいよ骨なしフニャフニャ腰となるぞ、戒律や裁きは低い段階、過去の部分的一面に過ぎん、裁きを説くのは自分で自分を裁いていること、人民に罪なし」

「仙人と申すものは如何に高度なものであっても、それは幽界に属す、仙人界には戒律があるからぞ、神界には戒律なし、戒律ある宗教は亡びる、マコトの宗教には戒律はないぞ。しかし神界にも仙人的存在はあるぞ」

「皆何も天国に行くようになっているではないか。この世でも天国、あの世でも天国、目出度いなあ。地獄説く宗教は亡びるぞ。地獄と思うもの、地獄つくって地獄に住むぞ」

「神憑かりよくないぞ。やめて下されよ。迷う臣民できるぞ。ほどほどにせよと申してあろうが。皆々心の掃除すれば、それぞれに神憑るのぢゃ」

「人間の言う神憑りとは、幽界の神憑りぢゃ。ろくなことないのぢゃ。神憑りでも、神憑りと判らん神憑り結構ぢゃなあ、マコトぢゃなあと知らしてあるのに、まだ判らんのか」

どうやら『日月神示』の指し示す新しい世界「ミロクの世」に向かうには、神懸かり的超能力者などは必要ではないようです。特に戒律の厳しい西洋の諸宗教、つまりアヌンナキかどうかは別にして、幽界のレプティリアンたち(?)のつくったような宗教は消えていくことになりそうです。

このような『日月神示』の考え方について、中矢さんは次のように述べています。

だから自然体でいて、大まかな規範から逸脱しない。でも強制はないというような考え方です。魂が磨ければ、みんながそういう状態になるから、世の中は法律なんかなくても乱れない。

ゆくゆくは地球がそういう高次元な星、優良星になると思うのです。法律も警察も裁判所も要らない。それが当たり前なんだろうと思います。

そういうことを昭和十九年から言ってきたというのは、すごいなと思います。今ではけっこういろいろな人が似たようなことを言い出していますけれど。

「身魂磨き」とは何をするかというと、基本的には、感謝だとか、悪いことが起きても、一切を受け入れるというシンプルなことです。今でこそ、けっこういろいろな人が言っているようですが、もちろん『日月神示』はそのことも言っている。(『いま人に聞かせたい神さまの言葉』徳間書店より引用)

『日月神示』には戒律はありませんが、正しい生き方を示す指針はあります。それもまた非常にシンプルであり、人の本来のあり方に沿ったものです。

「道は自分で歩めよ。御用は自分でつとめよ。人がさしてくれるのでないぞ、自分で御用するのぞ。道は自分で開くのぞ。人頼りてはならんぞ」

「身魂磨きとは、善いと感じたこと直ちに行うことぞ」

「為すとは祈ること。人の為に祈るは、己の為に祈ること。今の人民、祈り足らん」

「それはそなたの自己欲から出ているぞ。自己欲もなくてはならんが、段々浄化して行かねばならん。浄化して大き自己の欲とせよ。自己のみの欲となるから弥栄えんのぢゃ。弥栄えんもの神の御心に逆行」

「臣民にわかる様にいふなれば、身も心も神のものざから、毎日毎日神から頂いたものと思えばよいのであるぞ、それでその身体をどんなにしたらよいかと云うこと分るであろうが、夜になれば眠ったときは神にお返ししてゐるのざと思へ、それでよく分るであろうが。身魂みがくと申すことは、神の入れものとして神からお預りしてゐる、神の最も尊いこととしてお扱いすることぞ」

「何も六ケ敷《むずかし》いこと申すのではない。自分の、内の自分を洗濯して明らかに磨けばよいのぢゃ。内にあるものを浄化すれば、外から近づくものがかわって来る道理。内の自分を洗濯せずにゐて、きたないものが近づくとか、世の中がくらいとか不平申して御座るなれど、そこにそなたのまちがいがあるぞ。木でも草でも中から大きくなって行くのぢゃ」

3 メグリが大事

病気のとき、自然の働きに則した治療法を受けていると、好転反応や瞑眩《めんげん》といった状態が出て

（上）岡本天明が理想郷建設をめざし、晩年を過ごした至恩郷。（下）至恩郷の神殿内に設けられていた祭壇。いずれも現在は存在しない。

くるものです。

それは浄化のために膿《うみ》を出しきるようなものであり、決して悪化したわけではありません。よくなる過程で一時的に悪くなったように見えるだけです。

同じことで、『日月神示』を読んだり、それに従った生き方を始めたりした人にはある種の好転反応が起きるようです。それを「メグリ」といいます。魂を浄化するためのもののようです。

中矢さんによると、メグリには肉体的な病気や事故、経済的な損失……などいろいろなパターンがあるといいます。

こう書くとマイナスが多いようですが、これは、大難を小難にしているのだと考えればいいということでした。


「この道に入ると損をしたり、病気になったり、怪我をすることがよくあるなれど、それは大難を小難にし、またメグリが一時に出て来て、その借銭済ましをさせられているのぢゃ。借りたものは返さねばならん道理ぢゃ。損もよい、病気もよいぞと申してあろうが。ここの道理も弁《わきま》えず理屈申しているが、そんな人民の機嫌取りする暇はなくなったから、早う神心になって下されよ」

「この道に入って始めの間は、かえって損したり馬鹿みたりするぞ。それはメグリ取って頂いているのぞ。それが済めば苦しくてもどこからに光見出すぞ。おかげの始め。次に自信ついてくるぞ。胴がすわってくるぞ。心が勇んできたら、おかげ大きく光りだしたのぢゃ」

「これと信じたらまかせ切れよ。損もよいぞ。病気もよいぞ。怪我もよいぞ。それによってメグリ取って頂くのぞ。メグリなくなれば日本晴れぞ。今がその借銭済ましぞ」

「何事が起こってきても、そなたはまず喜べよ。それが苦しいことでも、悲しいことでも、喜んで迎えよ。喜ぶ心は喜び生むぞ。人民喜べば、神喜ぶと申してあろが。天地晴れるぞ、輝くぞ」

「神は人民を根本から、永遠の意味で良くしようと、マコトのよろこび与えようとしているのぢゃ。局部的、瞬間的に見て判らんこと多いぞ。おかげは、すぐには無いものと思え。すぐのおかげは下級霊。眉にツバせよ、考えよ」

メグリが起きてきたなら、それは正しい生き方をしているという証拠のようです。目先の幸福や不幸に心を揺らすのではなく、正しいと信じられる生き方をするのが大切だということらしいのです。

これからは、特にそのような生き方が重要だと思われます。

4　正しい生き方をすれば仕事と富は自ずとついてくる

『日月神示』は、エゴにもとづいた生き方からの脱却を指し示していますが、富そのものを否定してはおりません。正しい生き方をしていれば、必然的にその人は豊かになると説いています。

「清くして富むのがマコトぢゃ。地も富まねばならんのぢゃと申してあろうが。これから先は、金儲けばかりも出来ん。今までのような、神信心ばかりも出来ん。神の道を進むものは、嫌でも金がたまるのぢゃ。金がたまらねば深く省みよ。道に外れて御座るぞ。人は罪の子でない、喜びの子ぞ」

「生活が豊かになってくるのが正しい道ぞ。行き詰まったら間違った道歩いているのざ」

ただし、だまっていればお金が入るというわけでもないようです。当たり前のことですが、正しい仕事をすることが大事なようです。

「仕事は神が与えたり、人が与えてくれるのでないぞ。自分自身が仕事にならねばならん。この道理さえ判れば、失業はないぞ。自分が仕事ぢゃからのう」

「感謝せよ、大親に感謝、親に感謝せよ、感謝すればその日の仕事与えられるぞ。仕事とは嘉事《よごと》であるぞ、持ち切れぬほどの仕事与えられるぞ。仕事は命ざぞ。仕事喜んで仕え奉れ」

「人の十倍も今の仕事して、その上で神の御用するのが洗濯ぞ、掃除ぞと申して知らしたこと忘れたか。地に足つけよと申したこと判らんのか」

「宗教に生きて、宗教に囚われるでないぞ。仕事が宗教ぢゃ。小さいことから始めよ。小乗の行と馬鹿にするでないぞ。小乗の行から大乗の真理を掴むのであるぞ」

実にシンプルな言葉ですが、たしかに何通りにもとれますね。そこから学ばされることが多いと思うので、くり返しかみしめたくなるような言葉の数々です。

5　家族関係から、まず学ぼう

もっとも身近な人間関係である夫婦、家族のあり方についても『日月神示』は述べています。日本人であればだれもが「なるほど」と思えるような当たり前のことばかりですが、その当たり前のことを忘れている人が最近増えているようです。

「妻にまかせ切った夫、夫にまかせ切った妻の姿となれよ。信仰の真の道ひらけるぞ。一皮むけるぞ。岩戸開けるぞ。富士晴れるぞ」

「夫婦ケンカするでない。夫のみいかんのでない。妻のみ悪いのでないぞ。お互いに己の姿を出し合っているのぞ。よく会得せよ」

「親子、夫婦、兄弟姉妹と生まれても逆縁あるぞ。カタキ同志結ばれることあるぞ。それは神の大き恵みぞ。それに打ちかって、新しき生命うみ出してつかへまつれ。体験ないところに宗教はない」

「他の為に行ぜよ。神は無理申さん。始めは子の為でもよい。親の為でもよい。自分以外の者の為に、まず行ぜよ。奉仕せよ。嬉し嬉しの光さし初《そ》めるぞ。初《はじ》めの世界ひらけるぞ」

これらを読むと、耳の痛い人も多いのではないでしょうか。身近なところ、他人のことから考えることから始める、というのはだれもが大賛成です。

6　日本人としての正しい食

『日月神示』によると、日本は世界のなかでも非常に重要な役割のある国であり、日本人には大事な役割があるようです。そこで、その日本人は食に関しても自らを律する必要があると述べられています。

戒律というわけではないのですが、人が本来食べるべきもののなかに肉類は入っていないというのがポイントです。また、小食を心がけるのも大切であるようです。

それも、特に無理強いをしているのではないようです。

「食い物大切に、家の中キチンとしておくのがカイの御用ざぞ、初めての行ざぞ」

「正しき食べ物正しく食べよ。更に喜びふえて弥栄えるのぢゃ。自分の喜びを進め進めて天国へ入ること出来るのぢゃ。悪い食べ物悪く食べるから悪くなるのぢゃ」

「日本には、五穀、海のもの、野のもの、山のもの、みな人民の食いて生くべきもの、作らしてあるのぢゃぞ。日本人には、肉類禁物ぢゃぞ。今に食い物の騒動激しくなると申してあること忘れるなよ。今度は共食いとなるから、共食いならんから、今から心鍛えて食い物大切にせよ」

「腹減ったら食《お》せよ。二分は大親に、臣民腹八分でよいぞ。人民食べるだけは与えてあるぞ。貪《むさぼ》るから足らなくなるのざぞ。減らんのに食べるでないぞ」

「慎ましうして神に供えてから頂けば、日本は日本で食べて行けるのざぞ、理屈に邪魔されて、有るものも無くして食えなくなるのは悪の仕組ぢゃ」

「この世はみな神のものざから臣民のものと云うもの一つもないぞ。お土からとれた物、みな先ず神に供へよ、それを頂いて身魂を養ふ様になってゐるのに、神は献げずに、臣民ばかり喰べるから、いくら喰べても身魂ふとらぬのぞ、何でも神に供えてから喰べると身魂ふとるぞ。今の半分で足りるぞ、それが臣民の頂き方ぞ」

「衣類も家も土地も、みな神から頂いたのでないぞ。あづけられているのであるぞ。人民に与えられているものは食べ物だけぢゃ。日のめぐみ、月のめぐみ、地のめぐみだけぢゃぞ。その食べ物節してこそ、ささげてこそ、運開けるのぢゃ。病治るのぢゃ。人民ひぼしにはならん。心配無用。……ツキモノがたらふく食べていることに気づかんのか。食物節すればツキモノ改心するぞ」

このように、『日月神示』の説く正しい生き方とはわかりやすく、むずかしいものではなく、かつての日本人が自然に実践していた生き方だといえそうです。

もっと詳しく知りたい人は、中矢さんの『魂の叡智 日月神示：完全ガイド&ナビゲーション』（徳間書店）という本によくまとめられていますので、そちらを読んでみてください。次は同書内に、生き方についてまとめた章の見出しの一部です。

嬉し嬉しの人生への道標① 真の〝おかげ〟を頂くには
嬉し嬉しの人生への道標② まずはメグリを解消せよ
嬉し嬉しの人生への道標③ 〝マツリ合わせ〟で大難を小難に
嬉し嬉しの人生への道標④ 祈っては行じ、行じては祈る
嬉し嬉しの人生への道標⑤ 仕事と御用の一致
嬉し嬉しの人生への道標⑥ 金が貯まらねば省みよ
嬉し嬉しの人生への道標⑦ 大きな欲を持て
嬉し嬉しの人生への道標⑧ 食と色を慎み、養生する
嬉し嬉しの人生への道標⑨ 夫婦と家庭が出船の港
嬉し嬉しの人生への道標⑩ 公に尽くすことは最大の喜び
（『魂の叡智『日月神示』:完全ガイド&ナビゲーション』徳間書店より引用）

この見出しだけでも『日月神示』のいう正しい生き方のポイントが見えてくると思います。納得できたら、ムリをしないで実行に移していくといいようです。

7　何があっても「自然の理」に従うとよいのだ

私は沖縄県の宮古島が大好きで、これまでに十数回も行っています。島のすみずみまで知っているくらいで、多くの知人もできましたが、何よりも惹かれたのは張《はり》水《みず》御《う》嶽《たき》というお宮さんと新城定吉さんの石の庭です。

これまで何度か触れましたが、太古に繁栄していたとされるムーという国が一夜にして沈んだのは間違いないように思えるのですが、そのことをこのふたつの場所は、なぜか思いださせてくれるのです。

ムーが沈んだのは、「エゴと儀式と科学」がひとつの理由、そして、「自然への感謝を忘れたこと」がもうひとつの理由だと思っています。これもこれらの場所でだれかが教えてくれたことです。つまり、何があったにせよ、真の理由は当時のムーに暮らす人々のこのような心が大天災を起こした、ということだとも思えるのです。

このなかの「儀式」のかわりに、「金銭への信仰」を入れると、いまの「この世」の中も当時のムー文明の末期と同じ状況であることがわかります。

ともかく、ムーに関する本を何冊か読んで気がついたのは、「エゴ」を減らし、科学を正しく理解してそれに振りまわされることなく、「金銭」への信仰をほどほどにして、「自然」への感謝を大事にするべきだ……ということです。これらは、宮古島で教えられたことに関する反省です。

また、これまでの歴史や事象を振り返りますと、大きな法則があることに気づかされます。それは「自然の理《ことわり》」に反することの増えた事象や社会は、まもなく崩壊して消えてしまうということです。

天災についても同じで、人間の言動が自然の秩序を破壊するようにまでなったので、自然の「秩序維持機能」が働きだしたと考えるとよさそうです。

この、「自然の理」とは具体的に次のようなことです。

自然は「効率よく、調和して、生成発展」しているので、原則的には、【①単純化 ②万能化 ③効率化 ④半永久化 ⑤進化 ⑥自由化 ⑦公開化 ⑧長所伸展化 ⑨バランス化 ⑩協調化】の方向へ進んでいます。このように進むとうまく「生成発展」でき、天災を避けることにもつながるようです。

大事なことなので、この10か条を少しだけ説明しましょう。

ひとつめは単純化です。複雑なほうへ向かうものはよくないということです。単純に生きるのが自然の理にあった正しい方法であるようです。

ふたつめは万能化です。よいことばかりがあるものとつきあい、悪いことが起きるようなもの

ムー大陸を世界に紹介したチャーチワードが自ら描いた、ムー滅亡の日。栄華を誇った超文明の大陸は、巨大な天変地異によって海中に沈んだとされている。

とはできるだけつきあわないようにすると、こうなります。薬でいうと、西洋薬などはよい効き目の一方で副作用があるので、できれば飲まないほうがいいのです。

3つめは効率化です。競争はムダが多いやり方です。それよりも助け合うほうが、絶対にムダが少なく効率的ということです。

4つめは半永久化です。大量消費・大量生産などをやめて、多種少量でも循環型の経済、生き方をすることで、持続可能な社会のあり方になります。

5つめは進化です。私たち人間を含め、自然はいつも進化しています。そのため常に進化が続けられるような世の中をつくることが大切です。環境を破壊することは、自分たちを苦しめることにつながります。いったん破壊された環境はなかなかもとに戻らず、進化を継続することが難しくなります。

6つめは自由化ということです。束縛は自然の理ではありません。自由はなによりも大切です。

7つめは公開化。何でも開けっ放しがいいようです。風通しのよさを自然は好みます。

8つめは長所伸展化です。欠点を是正しようとするよりも、長所を伸ばしてあげたほうがずっと効率がいいのです。これは経営コンサルタントとしての経験からもはっきりいえます。人も会社もその長所を伸ばしたほうが、より早く、よりよい結果を引きだせるのです。それが「自然の理」になっているからそうなるのでしょう。「なでしこジャパン」の特性です。

9つめはバランス化です。自然はすばらしい仕組みでできており、植物も動物も気候も、うまくバランスが保たれています。いまの世の中は貧富の格差があったり、戦争があったりと、それができていないことが多いようです。

最後の10番めは協調化です。いまの資本主義は、人がエゴ的になり、ひとり勝ちを目指すようなシステムでできています。そして多くの人が「自分だけ、いまだけ、お金だけ」を追い求めています。お互いが地球というひとつの船に乗り合わせている仲間であることを忘れると、いまのように協調化が図れなくなってしまうようです。

ここに示した「自然の理」の方向に反すると、なにごとも永続しないことになります。しかし実際には、現在、その風潮が強くなってきています。

つまり、複雑化、統制化、秘密化、単能化、競争化、短所是正化……などなどがさまざまな分野で進行しているのです。

こういう動きを見ますと、現在社会は近々に根本的に崩れ、変わらざるを得ないだろうということがわかります。有意の人が増えることで大難を小難に……とは思いますが、なるべく多くの人が正しく生きないと、大激変を避けることはできないでしょう。

私たちにできるのは、ここで述べてきたことを自分になりに考え、納得して取り組み、新しい時代へと希望の芽を引き継いでいくことだといえそうです。

次に、これから日本と世界を襲う可能性のある大激変と、それを乗り越える切り札、そしてその後にやってくる「ミロクの世」の様相について、『聖書の暗号』と『日月神示』からの情報を中心に簡単にまとめてみましょう。

8 日本を大激変が襲う可能性は高い

『日月神示』には、「世界の片端、浜辺からいよいよが起って来たぞ、夜明け近づいたぞ」という記述があり、これが今回の東日本大震災を予言していたという説があります。浜辺で起きる災害が、「大峠」や「三千世界の大洗濯」と呼ばれる大激変の始まりとなるということです。

今回のこの地震が地軸を動かすほどのものであり、日本ばかりでなく世界のほかの地域にも地震を誘発する可能性があることを考えますと、たしかに「そうだろう」とも思います。

これからやってくる大激変について、『日月神示』は天変地異のほかに食糧難が起きるとも告げています。ただし、上手に対応すると、飢え死にする状況は避けられるというのです。

その神示のいくつかを紹介しましょう。

東日本大震災による津波被害を受けた福島県南相馬市。この大地震によって、日本列島の各地はまさに「海に沈んだ」のである（写真＝共同通信）。

「この世界は浮島であるから、人民の心通り、悪くもなり善くもなるのざぞ。食う物ないと申して歩き廻っているが、餓鬼に食わすものは、もういくら捜してもないのぞ。人は神の子ざから食うだけのものは与えてあるぞ。神の子に餓死《うえじに》はないぞ」

「一度はドロドロにこね廻さなならんのざぞ。臣民はどない申しても近欲《ちかよく》ざから、先見えんから欲ばかり申しているが、神は持ち切れないほどの物与えているでないか。いくら貧乏だとて犬猫とは桁違うがな。それで何不足申しているのか。まだまだ天地へ取り上げるぞ」

さらに気になるのが、世界中が日本に攻めてくるので、この国はいったんは壊滅したようになると神示はいっています。第2次世界大戦末期がそうでした。今度は、経済的な面での外国からの策謀（?）も入っているような気がします。

「日本の国は一度つぶれた様なるのざぞ。一度は神も仏もないものと皆が思う世が来るのぞ。その時にお陰を落さぬやう、シッカリと神の申すこと腹に入れて置いて呉れよ」

「まだまだ敵出て来るなれど、神心になれば敵、敵でなくなるぞ、敵憎んではならんぞ、敵も神の働きぞ。神は難しいこと言わんぞ、神に心皆任せてしもうて、肉体欲捨ててしもうて、それで嬉し嬉しぞ。神が限りなき光、よろこび与えるのざぞ。いやならいやでそなたの好きにしてやりてござれ、いったん天地へ引き上げと申してある通りになるぞ」

「戦は一度おさまる様に見えるが、その時が一番気つけねばならぬ時ぞ、向ふの悪神は今度は神国の元の神を根こそぎに無きものにして仕まふ計画であるから、その積りでフンドシ締めて呉れよ、誰も知れんやうに悪の仕組していること、神にはよく分りているから心配ないなれど、臣民助けたいから、神はじっとこらへているのざぞ」

常識的に考えますと、世界中の国々が日本に攻めこんでくるとは考えにくいのですが、『聖書の暗号』の「悪のコード」に「尖閣諸島が原因で世界戦争が勃発する」とあることですし、何らかの形で戦争に巻きこまれる可能性もあります。経済戦争かもしれません。それに、今回の大震災も地震兵器による可能性がありますので、そうだとしますと、『日月神示』の警告する「戦」はすでにはじまっていることになるのでしょう。

しかし、「敵憎んではならんぞ、敵も神の働き」と神示はいいます。そして、もうダメかというところで「神一厘《かみいちりん》の秘策」によって事態が逆転するというのです。

「神の国は誰が見ても、どう考えても、二度と立ち上がられん、人民皆外国につく様になって此の方《ほう》の申した事、神示に書かした事、皆嘘ざと申す所まで世が落ちてしまうてから始めて神力現はれるのざぞ、人民臣民早合点して御座るが九分九厘と申してあろがな」

「世界一度にキの国にかかりて来るから、一時は潰れたやうに、もうかなはんと言ふところまでになるから、神はこの世に居らんと臣民申すところまで、むごいことになるから、外国が勝ちたやうに見える時が来たら、神の代近づいたのぞ」

いまさらどうして世界中の国々が束になって日本に攻めこむようなことになるのでしょうか？　それについて神示は「日本は宝の山であるから」と説明しています。また、その宝によって日本は大逆転するのだそうです。

この戦いは「三千世界の立替え」を目的としたものであるということです。

「宝の山に攻め寄せ来ると申してくどう気付けておいたでないか。神の国にはどんな宝でもあるのざぞ。元神の国、昔から宝埋けておいたと申してあろがな。神の国にも埋けておいて

尖閣《せんかく》諸島。手前がもっとも大きな魚釣島。この島々の所有をめぐって、中国との間に戦争が起こるという予言もあった。どうやらそれは回避されたようだが、あいかわらず危険な地帯であることに変わりはない（写真＝共同通信）。

あるのざぞ。この宝は神が許さな誰にも自由にはさせんのざぞ。いよいよとなりたら神がまことの神力出して宝取り出して世界のどんな悪神も神の国にはかなはんと申す所まで、とことん心から降参する所まで、今度は戦するのざから臣民余程見当取れんことに、どんな苦労もこばらなならんのざぞ」

「世の元からの生神《いきがみ》が揃うて現われたら皆腰抜かして、目パチクリさしてもの言えんようになるのざぞ――日本の国は小さいが、天と地との神力強い神のマコトの元の国であるぞ。――今度の岩戸開きは、霊魂《みたま》から根本からかえてゆくのざから、仲々であるぞ、天災や戦ばかりではなかなからちあかんぞ、根本の改めざぞ。世の立替えは火（霊）と水（体）ざぞ」

「前にも立替えはあったのだが、三千世界の立替えではなかったから、どの世界にでも少しでも曇りあったら、それが大きくなって、悪は走れば苦労に甘いから神様でも、悪に知らず知らずなって来るのざぞ。それで今度は元の生神が天晴《あっぱ》れ現われて、悪は影さえ残さぬよう根本からの大洗濯するのぞ。神々様、守護神殿、今度は悪は影も残さんぞ、早う改神なされよ」

この立替えは激しいものであり、人口は3分の1になると書かれています。身魂の磨かれた人だけが救われて、「ミロクの世」を創っていくというのです。神示は正しい読み方がむづかしいですね。

「三分の一の人民になると、早うから知らせてありたことの実地が始まっているのであるぞ。何もかも三分の一ぢゃ、大掃除して残った三分の一で、新しき御代の礎と致す仕組ぢゃ、三分むづかしいことになっているのを、天の神にお願い申して、一人でも多く助けたさの日夜の苦心であるぞ、堪忍の堪忍、我慢の我慢であるぞ」

「神世のひみつと知らしてあるが、いよいよとなりたら地震、雷ばかりでないぞ、臣民アフンとして、これは何としたことぞと、口あいたままどうすることも出来んことになるのぞ、四ツン這いになりて着る物もなく、獣となりて這いまわる人と、空飛ぶような人と、二つにハッキリ分かりて来るぞ、獣は獣の性来いよいよ出すのぞ、火と水の災難がどんなに恐ろしいか、今度は大なり小なり知らさなならんことになりたぞ。一時は天も地も一つにまぜまぜにするのざから、人一人も生きては居れんのざぞ、それが済んでから、身魂磨けた臣民ばかり、神が拾い上げてミロクの世の臣民とするのぞ、どこへ逃げても逃げ所ないと申してあろがな、高い所から水流れるように、時に従いて居れよ、いざという時には神が知らして一時は天界へ釣り上げる臣民もあるのざぞ。人間の戦や獣のケンカ位では何も出来んぞ、くどう気つけておくぞ、何よりも改心が第一ぞ」

身魂の磨かれた人はミロクの世に行けるけれど、それ以外の人はひとり残らず生きていられないと読めます。こわいような内容です。

これは「大難であった場合のこと」を書いたものであり、私たち自身の手によって「小難」に変えられる、とも書かれています。あえて、最悪のシナリオを描いてみせて、人間の改心を促しているのではないでしょうか。特に日本人の改心を待ちのぞんでいるように読めます。

9 『日月神示』を降ろした神様とは？

このあたりで、岡本天明さんを通じて『日月神示』を降ろしてきた神様の正体を探ってみましょう。ずいぶんとこわいことをいうので、そのまま信じていいものかどうか迷いますね。

岡本天明さんがこの神様のメッセージの筆記をはじめた当初、「天之日月神《あめのひつくのかみ》」とその存在は名乗っていましたが、のちに『古事記』にも登場する「国常立尊《くにのとこたちのみこと》」という神様であることが研究者たちによってわかったそうです。

国常立尊という神様は大本教の出口王仁三郎《でぐちおにさぶろう》さんにもメッセージを送っていた存在であり、そこでは「艮《うしとら》の金神《こんじん》」と呼ばれていました。王仁三郎さんは、この神様は天地を創造した竜神であると述べており、それを霊的ビジョンとして目撃したようすを次のように述べています。

金色の竜体と、それから生れいでた種々の色彩をもつた大小無数の竜体は、地上の各所を泳ぎはじめた。もつとも大きな竜体の泳ぐ波動で、泥の部分は次第に固くなりはじめ、水の部分は稀薄《きはく》となり、しかして水蒸気は昇騰《しょうとう》する。そのとき竜体が尾を振り廻すごとに、その泥に波の形ができる。もつとも大きな竜体の通つた所は大山脈が形造られ、中小種々の竜体の通つた所は、またそれ相応の山脈が形造られた。低き所には水が集《よ》り、かくして海もまた自然にできることになつた。

この最も大いなる御竜体を、大国常立命と称へ奉ることを自分は知つた。（『霊界物語』より引用）

実際にこの神様がこの世を創ったのかどうか、われわれにはわかりません。ある種の神話として、その偉大さを伝えようとしたとも思えます。

興味深いのは、これほど偉大に思える存在であるのに、八百万《やおよろず》の神々からうとまれて、その地位を追放されてしまった……とされていることです。

出口王仁三郎さんによると、乱れた世を建て直すために地震などの大変動を起こして生き物を滅ぼしたりしたため、その厳しさに耐えられなくなった神々が、国常立尊を追放して世界の東北（＝艮）にあたる日本列島に押しこめたというのです。以降、国常立尊は祟神《たたりがみ》として恐れられることになったようです。

ところが、いまふたたび世の中が乱れてきたため、艮の金神＝国常立尊による世の建て直しが始まったというのです。出口王仁三郎さんもそういっていますし、『日月神示』にもそのように書かれています。

この神様が竜神の姿をしているというところに、レプティリアンを連想する人がいるかもしれません。人間の立場からすると、爬虫類や竜といった存在はいかにも無気味でおそろしく感じられるため、キリスト教などでは竜は悪魔の象徴とされていたりします。

また、先に紹介したデーヴィッド・アイクさんの本を読んでレプティリアンに対する恐怖感を植えつけられた人も多いと思いますが、アイクさんは爬虫類の姿をした知的種族のすべてが悪や闇の勢力というわけではなく、人間の成長をサポートする存在も多くいるといっていますし、『日月神示』などにも、竜にもいろいろな種類があると説明されています。

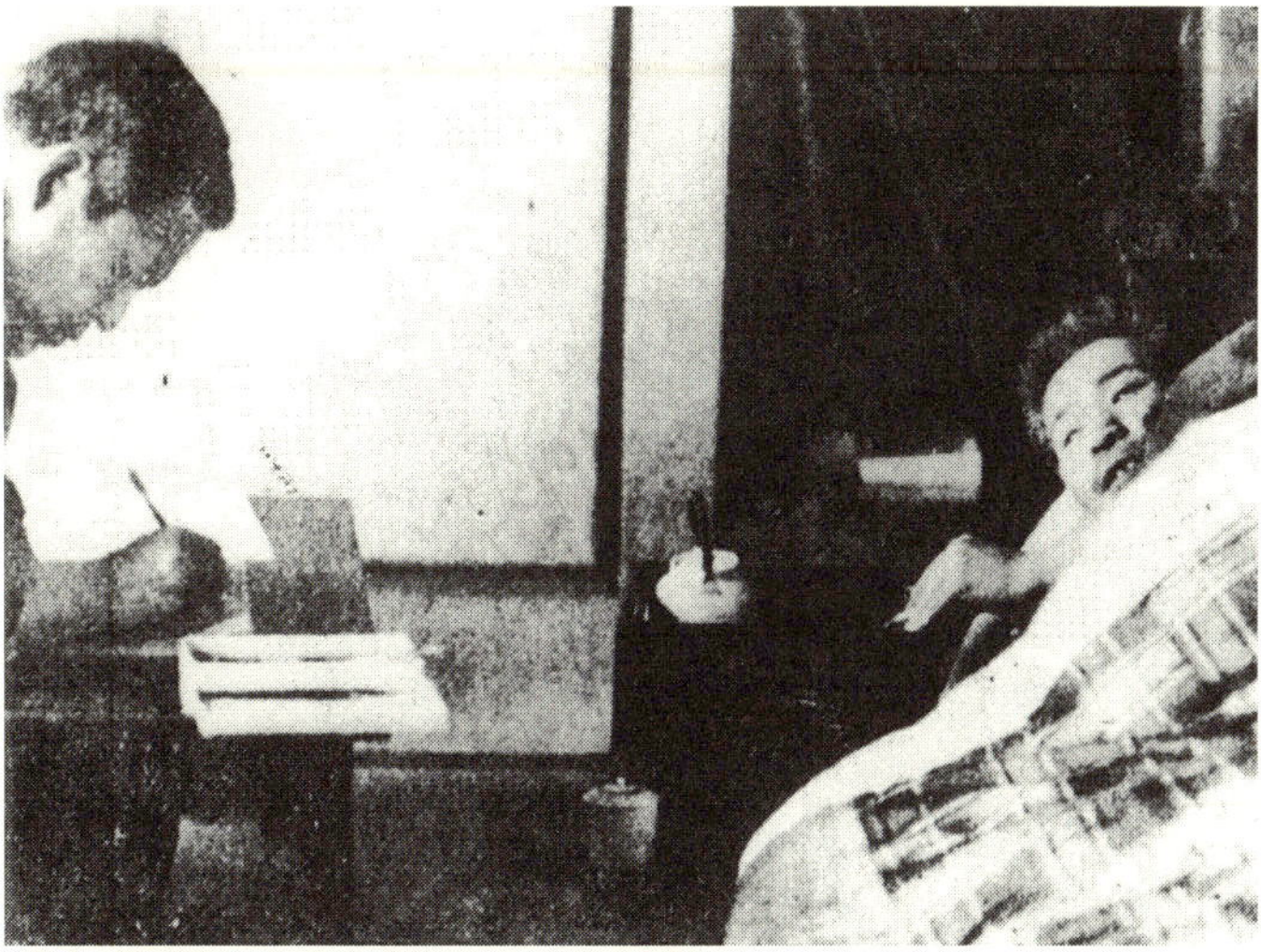

つらく思ひめぐら
天の田力坐
年を下すべき
独り狂へる悲惨
三五教の
最后の光明
ナザレの聖者
神を楯とし パ
マルクス麺麭

（上）ごろりと寝転がりながら、『霊界物語』を口述筆記する出口王仁三郎。（下）出口王仁三郎直筆による『霊界物語』。ほとんどは口述筆記だったので、直筆の原稿はきわめて珍しい。

『日月神示』には、竜神に対する人々の誤解について次のように述べられています。

「今の人民は竜神と申せば、すぐ横を向いて耳をふさぐなれど、まことのことを知らせねばならん時だから、こと分けて申しているのぞ」

「竜神は悪神ぢゃと云ふ時来るぞ、心せよ誠ない者に此の方《ほう》拝む事出来んことになるぞ、此の方に近よれんのは悪の守護神殿。いよいよ天の御先祖様と地の御先祖様と御一体に成りなされ、王の王の神で末代治める基つくるぞ、少しでもまじりけあってはならんのぢゃ」

ところで、私は艮の金神さんと自ら名のった存在と話をしたことがあります。私は大本教とフシギな縁があるのですが、２００４年の2月5日に京都亀岡にある大本教の本部に行ったときに、その出来事が起こりました。

私がいっしょにお連れした60人くらいのうちのひとりの女性が突然、神懸かって、「私は艮の金神です。船井さん、あんたに話があるんです」と太い男性の声でしゃべりだしたのです。それから、「○○○○さん、ひさしぶりですね」と切りだされたのです。「○○○○」というのは『古事記』にも載っている大昔の神様の名前のようですが、聞き違えもありそうなので、ここには

「○○○○」としか書きません。私のことを指しての言のようでした。

艮の金神さんはたいへんに人間くさい神様で、結論は「あんたも大本の人たちも、自分の使命を忘れないように。そして、いい世の中をつくってくださいね」ということでした。

この体験については、「船井のところに艮の金神が降りるはずがない」と思われる方も少なくないでしょう。もちろん、本物の艮の金神さんかどうかは証明しようがありませんから、そういわれても仕方がないと思います。そのとき、「いま、私のそばには、出口なお（大本教の開祖）もいるよ」ともいっていました。

さて、艮の金神については、稲生雅之（イオン・アルゲイン）さんの新著『聖書の暗号はこう言っている　２０１５年までの経済大激変』（ヒカルランド）に興味深いことが書かれていました。

稲生さんが『聖書の暗号』から得た情報では、艮の金神とは多次元知性であり、そこにはムーの時代に崩壊を体験した存在がたくさん含まれているというのです。ふたたび崩壊を起こしてはいけないということで、一所懸命がんばって私たちにメッセージを送ってくれているようです。日本にはムー文明の名残があると感じているのですが、それは、艮の金神が日本に押しこめられたという話に通じる気もします。

また、稲生さんによると、艮の金神というのはあくまでもひとつの切り口であって、アメリカではまた別の神様がいて神話や預言があり、ヨーロッパではさらに別の神様や神話、預言があり……というように、いくつもの切り口があるそうなのです。切り口はいくつもあるけれど、多次元知性の集合体としてはひとつのものですから、最終的にはムーや『日月神示』にこだわる必要はないというのが、稲生さんの説です。

ただし、私たちは日本人ですから、まずは『日月神示』から参考にしていけばよいと思います。

10　闇の勢力も『日月神示』に注目しているようだ

さて、大難を小難に変え、よい世の中を創るには、闇の勢力に改心してもらい、協力してもらうのもひとつの鍵となるようです。

「アイカギ　㋙　コノカギハ　イシヤト　シカ　テニギルコトゾ」

と、神示にあるように、イシヤ（フリーメーソン）に象徴される闇の勢力を改心させて手を握ることができれば、「三千世界の立替え」にともなう大難も小難となるというのです。

そして、それは可能だと思います。なぜなら、『聖書の暗号』にあるように、闇の勢力の本体であるレプティリアン（？）たちは、１９９０年代の後半に地球域を去ったと考えられるからです。

人類の奴隷化をもくろんできた彼らは、『聖書の暗号』から判断しますと、西暦2000年までにその計画を完遂し、同時にアカシックレコードの書き換えまでも目標にしていたように思われるのです。が、それらは不可能になったようです。『聖書』をつくり、自らそこに暗号として「悪のコード」を埋めこんだのも彼らの計画のなかのひとつだったようです。

しかし、サムシング・グレート（創造主と考えてもいいでしょう）によって命令され、半強制的に地球域から立ち去らされたようなのです。賢明な彼らはすべての事情を十分に納得したうえで去ったようです。

ところが、たぶんそのレプティリアンたちの直接の支配下にあって一般人を動かしていた人々——俗にフリーメーソン、イルミナティなどと呼ばれている闇の勢力の残滓ともいえる人びとが、いま最後のあがきをしているように思えます。「本体」なきいま、彼らの力は急速に衰えているようですが、デーヴィッド・アイクさんの説がたしかなら、欧米諸国のトップ層にはまだ彼らの支配意識が及んでいるようです。予断を許さない状況が続いているのは間違いないといえそうです。

はたして、『日月神示』のいうように、善悪抱きまいらせて彼らと手を結ぶことができるのでしょうか？

本来であれば、人間には「闇の勢力」などという非情な存在はいないのではないか、と考えています。人は本来、情に篤い善なる存在であるはずだからです。

中矢伸一さんも同じ考えのようです。

彼ら闇の勢力に属する人々も実は世直しの意識があり、「地球のためによかれ」と考えて悪事（？）に手を染めているふしがある、と彼は『いま人に聞かせたい神さまの言葉』（徳間書店）のなかで推測しています。

そして、「どこかの時点で悪の総大将とわれわれは手を握らないといけないと思うんですが、いろいろ調べれば調べるほど、日本はすごい国だということが、彼らにも大分わかってきているらしいんですね」と述べています。

どうやら、闇の勢力と呼ばれる人々も、日本という国と『日月神示』を無視できなくなってきているようなのです。

中矢さんは、闇の勢力がお金の不要な世界を目指していたり、そのトップの人々が肉や魚を食べないというライフスタイルをしていたりすることから、彼らが『日月神示』を知っている可能性もあると考えているようです。ありえない話ではないと思います。

では、その「悪を抱きまいらせる」ことはどういうプロセスで進んでいくのでしょうか？

稲生さんが、『聖書の暗号』からそのことを解読したレポートがありますので、紹介します。

（上）フリーメーソンの入団儀式。（下）アメリカのドル紙幣に描かれたフリーメーソンのシンボルマーク。彼らやイルミナティは闇の勢力と直接つながっており、背後から日本を支配してきたのである。

「悪を抱きまいらせる」ことについては、『日月神示』という言葉で暗号化はされていませんでしたが、「岡本天明」さんの名前が出ています。「抱きまいらせる」とは、おおむね（1）イルミナティの解散、（2）普通の人々の中の悪を無くすこと、（3）政府・資本・宗教などの団体の中の悪を無くすこと、に関係していると思われます。

より具体的には、情報公開が進んで、今まで隠されてきた利権が公にされる。すると、その先では公正な競争しかできないということです。協力し合ってもいいですし、一人でがんばってもいいのです。

稲生さんは「悪を抱きまいらせる」ことは、闇の勢力の人々が自分たちの生き残りを図れる状況になれば、十分に可能だと考えているようです。彼は、次のように書いています。

私は『日月神示』の中の「悪を抱き参らせる」というあのフレーズが好きで、今回の崩壊の中で、彼らが自分のやりたいことを別に手放しても、自分たちが生きていけるということが分かれば、当然のごとく一番楽な、ＧＤＰが８割でも済むというように、自然に債務を手放していく流れになると思います。彼らを抱き参らせればそこまで行きます。それの程度が少し足らなかったとしても、日本円を守ることで、私たちはちゃんとやっていけるという可能性があり、その先には結局悪を抱き参らせる世界ができてきます。そういう流れでもって頑張ってほしいと思います。（『聖書の暗号はこう言っている　２０１５年までの経済大激変』ヒカルランドより引用）

闇の勢力といわれている人々にはすばらしい知恵があるようですから、彼らをうまく活かせば、不正な手段で金融を操作したり戦争を起こしたりしなくても、世界の人々が共生する道を切り開ける知恵も出してくると思います。賢い彼らはすでにそのことに気づきはじめているようでもあるのです。

11　有意の日本人が５０００人くらい、その気になれば世界が変わる

闇の勢力の本体であるレプティリアンたちは地球域を去ったもようですが、『聖書の暗号』にある「悪のコード」の90パーセント以上は現実の事象になっています。つまり、その影響力はいまなお強く残存しているのです。

しかし、『聖書の暗号』の「愛のコード」のほうには、その「悪のコード」をひっくり返す方法が書かれていたのです。それは「５０００人くらいの日本人が有意の人になれば世界が変わ

る」というものです。
有意の人とは、世の中のルールや人間の正しいあり方などを知り、正しく考え、正しく生きよう、と気づき、勉強に取り組みはじめようとしている人、あるいはすでに取り組んでいる人たちのことです。そのような日本人が５０００人くらいできればよいと、『聖書の暗号』ではいっているのです。
なぜ日本人が？　しかも、たった５０００人で？
――そう思う人もいるでしょう。ですが、『日月神示』にはこうあります。

「日本良くならねば世界はよくならん」

「日本の人民良くならねば、世界の人民良くならんぞ。日本の上の人良くならねば、日本人良くならんぞ」

「一人改心すれば千人助かるのぞ、今度は千人力与えるぞ」

どうやら、世界が大激変を乗り越えるうえで日本人のあり方が重要なようなのです。これらのことから私は、有意の日本人が５０００人も集まって「大難を小難に」と願ったなら、実際にそのようになると考えています。

そのように考えて「にんげんクラブ」をつくり、毎年、「にんげんクラブ全国大会」を行ってきたのです。今年も9月10日、11日にパシフィコ横浜で大会は行われます。ぜひ、ご参加くださ い。たのしい会です。

神示は、「悪の仕組は、日本魂を根こそぎ抜いてしもうて、日本を外国同様にしておいて、一呑みにする計画であるぞ。日本の臣民、悪の計画通りになりて、尻の毛まで抜かれていても、まだ気付かんか」と日本人の質的低下について憂えていますが、すでにかなりの日本人が目を覚ましつつあると感じています。

そして、これからもっと多くの人々が「有意の人」となり、その人びとを通してよい世の中が実現するだろうし、その日はそう遠くないと思うのです。

ここで、日本人の定義についてはっきりさせておきます。

日本人はさまざまな人種が混合した雑種ともいえますが、「日本語を母国語として話す人たち」という点で共通しています。そして、これこそが日本人の定義だと考えられます。

『日本人の脳――脳の働きと東西の文化』（大修館書店）という本の著者、角田忠信さんは、日本人が自然に対する豊かな感受性を持っているのは日本人型の脳をしているからであり、脳がそうなっているのは日本語を使っているからだ、と研究成果を発表しています。

つまり日本語を母国語とすることで、日本人特有な脳の働きを示すようになるらしいのです。また、同じく言霊《ことだま》の専門家の七沢賢治さんは、日本語を使うことで日本人特有の遺伝子ができる可能性がありそうだということにも言及しています。

七沢さんは、日本語には母音と父韻があり、そこから子音が生まれ、さらに濁音と半濁音があると説明します。父韻というのは言霊学特有の概念です。そして、これらを上手に発音できるのは日本人だけだそうです。

このおふたりの研究成果を総合して考えると、人種や生誕地にかかわらず、3歳くらいまでに日本語で育つとその子は日本人型の脳になり、日本人の特性を身につけることになりそうだとも考えられます。

そう考えると、本来雑種であるはずの日本人が驚くほどの単一性を持っているのにも納得がいきます。

なお、年齢がある程度になってからでも、日本人なみに日本語を操っている人の場合は、やはり日本人型の脳になってくるように思えるのです。私の友人のベンジャミン・フルフォードさんやビル・トッテンさん、呉善花さんなどを見ているとそう感じます。

ここで、日本人の特性をいくつか挙げてみます。

①争いがきらいで下手。和を好む。
②残虐なことができない。思いやりがある。
③いやなことは忘れるのがうまい。恨みを持たない。プラス発想型。
④策略は好きでない、下手。
⑤「恥」の文化。「清」を大事にする。
⑥「自然」に一体化するのが好き。自然を理解できる。
⑦「直感力」は非常に鋭い。
⑧大衆は「我執」と「金銭欲」に無縁な人が多い。
⑨よく学び、よく働く。
⑩他に干渉をしたがらない。包みこみができる。

ほかに日本語に似ている言葉としてポリネシア語があるようです。また、飛鳥昭雄《あすかあきお》さんによると、アルザル人（地底人）の言葉も日本語に似ているそうです。大石憲旺さんが地底語を理解できるというのも、それと関係があるのかもしれません。

アルザル人の話はなんともフシギな話でその実態はわかりませんが、いずれにせよ日本語や、日本語に似ているポリネシア語などはとても珍しい言語であり、平和でお人よしで、自然と一体化する感受性を持った人間性をつくるようです。

話は一転しますが、隣国の中国では、支配地の言語を奪い取るというやり方が昔から行われてきていたように思えます。秦始皇帝《しんのしこうてい》以来の伝統として、侵略した先の言葉を殺してしまうことで国としての統一を図ってきたようです。

そのため、もし中国が日本に攻めこんで日本を植民地や属国にした場合には、日本語は絶滅してしまうことになりそうです。これは、日本ばかりでなく世界にとっても大きな損失です。そして、日本人に課せられた大役を果たすこともできなくなってしまいます。

私は、中国の歴代の指導者のうち、周恩来《しゅうおんらい》、鄧小平《とうしょうへい》、胡錦濤《こきんとう》といった人たちにつきましては個人的には好きです。人相もいいし、恰幅《かっぷく》もいいし、いいことをした人たちだなと思っています。しかし、中国政府としてはやはり今後も、秦始皇帝以来のやり方を貫きそうです。ですから、この国とは十分に注意してつきあう必要があると考えています。

もちろん、中国の不動産バブルはいますぐにでも潰れそうなので、国としての存在さえも危険ですが、それだけになお要注意国といえるでしょう。

なお、『聖書の暗号』によると、これから中国には苛烈な運命が待っているようです。詳しくは書きませんが、いずれにせよ中国が覇権国になることはないようです。

12　２０１１年10月28日前後から人類の命運は「有意の人たち」にゆだねられる

これまでは、サムシング・グレートが人類を見守ってくれていたようです。それは、人類が自らの運命を決めるには人徳も知恵も不足し、あまりに幼かったと考えればいいからでしょう。

しかし、『聖書の暗号』は、２０１１年10月28日にそれが終わり、翌日10月29日からは地球の運命が「有意の人」にゆだねられると告げています。ちょうどこの日は、コルマンインデックスにおけるマヤ暦の区切りの日です。もちろん、実際のこの現象が起こる日は10月28日よりも前後数か月早くなったり遅れたりするとも出ています。２０１１年3月11日からかもしれません。

そしてその日からは、正しい考え方と行動のできる地球人たちの考えで、地球人と地球のあり方が決まり、世界は急速に変わりはじめ、２０２０年ごろか遅くとも２０２５年ごろまでには、人類はエゴと金銭から解放された種族になり、すばらしい世の中を創りあげるようだと思ってもよさそうです。

現在のサイクルの終わる２０１１年10月28日の前後に起こるといわれているこれらの可能性について、稲生さんによる『聖書の暗号』の解読レポートを次に引用します。

①２０１１年10月28日は、マヤ暦の一区切りする日である。現実への目覚めの日である。大半の個人の意識、心象の変化が起きる。お金の価値、支配者、管理者の変化が起きる。アメロ、ユーロ、中国元、円も関係している。
②統治者、管理者を監視するための、大量の憲法訴訟が起きる。
③オバマ大統領はアメリカ国民に責任がある。９・11事件、ケネディ大統領暗殺事件、リンドン・ジョンソン大統領とＭＪ12、エイリアン、マフィアなどについて情報公開への動きを作る必要がある。イタリア国民も、ファティマの預言とマフィアについての情報公開への流れを作る必要がある。
④２０１１年から円の価値が変わる。インフレが起きそうだ。日銀とＦＲＢには責任があり、訴訟になる。日本は円の価値を守り、貿易を維持する必要がある。
⑤２０１１年か２０１２年に、ドルはアメロに変わる可能性が高い。地域通貨化するかもしれない。
⑥２０１２年12月21日は、公正な社会の誕生日になる可能性が高い。

これと別のレポートでは、２０１１年11月28日に関して複数の未来が報告されています。愛のコードでその日は「目覚めの日」とされていますが、悪のコードでは「経済の崩壊」と出ているようです。以下も、稲生さんの解説です。

2011年10月28日に向かう流れを解析しますと、複数の未来が見えてきます。望ましくない未来予測としては、世界経済が国債の暴落により崩壊、経済は大きく縮小、そして資本家による支配を強化する新たな貨幣システムと戦争です。経済の崩壊は日本にとっては貿易の大幅な縮小を意味します。

一方の望ましい未来予測は、日本円がドルに変わって国際決済通貨として使われることです。日本円が国際決済に使われるようになれば、ヘッジファンドのような投機に振り回されずに、自分が働いた分の報酬が正当に得られる公平な社会が実現します。

リーマンショック以降、世界経済が行き詰まり、景気対策として大量発行された貨幣がインフレを招くでしょう。そしてインフレの果てに、お金の価値そのものがなくなる。しかし同時に、それまでのような不正に儲ける手段はなくなり、新しい明るい未来がくることも予測されます。

残念なことですが現実的なこととして、経済崩壊は悪の側の資本家たち（闇の勢力の残滓）の望む計画として進められています。計画的な経済崩壊を利用して、自分たちに都合のよい未来を作り出す準備が進められているようです。

具体的には、崩壊が起きた時は負債を国家に押しつけてしまう。そして、確保しておいた金や石油や農作物などの実物をベースにした貨幣システムを提案する。そうなると、私たちはこれを拒めません。

貿易で生計を立てている日本は、円やドルが使えなければ、食料や原材料、エネルギーも手に入らなくなります。この状態で新しい通貨を提案されたら、誰でもその話に飛びつかざるを得ません。残念な予測ですが、このことも暗号として一つの可能性が解析されました。暗号で10月28日を解析すると、こうした最悪の未来が見えました。

しかしお金の仕組みがリセットされた時、それまで隠されていた情報が公開されて多くの人が真実を知ります。生産力が正当に評価される新しい貨幣システムが実現すれば、投機のない公平な未来も見えてきます。

悪の側が提案するお金のほうに、多くの人は魅力を感じてしまうでしょうから、そちらのほうに引き込まれることが心配されます。

『聖書の暗号』をもとにした未来予測が、LEAP／E2020やウェブボット、また朝倉慶さんなど経済の「超プロ」が語る内容と、ほぼ同じであることには、びっくりさせられます。ともかく、大激変期に入ったようです。それらを次にまとめます。

いちおうは、既述しましたが、大石憲旺さんによると、２０１１年の10月29日は人類の意識が変わる起点になるとのことです。そして、２０１３年までは非常に困難な時期となるが、２０１４年に世の中の地ならしがあり、２０１５年２月４日から本当の意味での21世紀になる……ということです。

高島康司さんは、ペンタゴン（米国防総省）のレポートによると２０１０年が地球温暖化の頂点であるので、２０１１年10月28日というのは寒冷化のスイッチが入るかもしれないと述べています。もしそうなったら、『日月神示』が予言する食糧危機が現実のことになるでしょう。『聖書の暗号』は、早ければ２０１１年10月28日の半年くらい前、遅くてもその半年後までに、人間性の高い人の思いが実現するようになるようだと告げています。そうなれば、経済の崩壊も寒冷化も避けられるか、大難であったものが小難となってくれると思います。それらについては第６章で私見を述べます。

いろいろなことから考えて、『聖書の暗号』の「悪のコード」が示している第３次世界大戦や第４次世界大戦も、あるいは『日月神示』が予言する「日本の国は一度つぶれた様なるのざぞ」という状況も、日本人の決心や行動しだいで回避できるものだと思われます。

５０００人の有意の日本人が同じように思い、祈ってくれれば、必ずそうなりそうです。が、もはやそんなに必要はないだろうと思います。

今回の大震災では多くの人々がつらい目に遭いましたが、同時に日本人のよい特性が発揮される機会ともなりました。エゴにもとづいて行動する人がいる一方で、他人のために動く日本人が圧倒的にたくさんいることに、世界中の人が心を動かされたようです。

このような人々が大衆の中心でいるかぎり、日本は大丈夫だと思います。これからの大激変は乗りこえられるでしょう。

今後の流れとしては、原則的には、２０１１年10月28日にひとつのサイクルが終わり、翌29日から新しいサイクルが始まります。創造主＝サムシング・グレートから人類が自助、自立する日です。ちょうどその日になにかが起きるというよりは、それに半年ぐらい前後して、人々の意識を変えるようなことが起きてくるといわれているのです。

ただ、ウェブボットの予言では２０１３年に環境異変が極限にまで達して２０１５年ぐらいまで厳しい状態が続くといいます。大石さんが宇宙意識から受けたメッセージでは２０１５年２月４日から本当の21世紀に入るということですし、稲生さんによると『聖書の暗号』には、２０１５年に太陽の伴星である「ダークスター」が最接近して太陽活動が活性するために地球温暖化を促進するようだともいいます。

そういうわけで、２０１５年ころがひとつの区切りになっているようです。

『聖書の暗号』に書かれた温暖化が進むと、最悪の場合、２０２０年に海面が６メートル上昇すると稲生さんは解析していますが、地球はアイスランドやインドネシアで火山を爆発させて、その煙で日照をさえぎることで地球自体を冷やそうとしているようです。つまり、寒冷化をはかっているようです。そう考えますと、ペンタゴンが指摘する地球の寒冷化も、もしかすると、よい働きとなってくるのかもしれません。

いずれにせよ、有意の日本人が多く出現することで、大難を小難とすることができると思えます。

13　2020年、おそくとも2025年までには「ミロクの世」が実現しそうだ

日本と世界を襲う大激変によって九分九厘まで「もうダメか」となったとき、「神一厘《かみいちりん》の秘策」によって事態は急転し、すばらしい世の中が始まると『日月神示』は説いています。「ミロクの世」が実現するというのです。

そのとき、金銭は不要となり、政治もいまとはまったく違ったものとなるようです。

「神は臣民から何求めているか。何時も与えるばかりでないか。神の政治、神国の政治は与える政治とくどう申してあろがな。今のやり方ではいよいよ苦しくなるばかりぞ。早よう気付かぬと気の毒出来て来るぞ。金いらぬと申してあろが」

「我れ善しの政治ではならんぞ、今の政治経済は我善しであるぞ。臣民のソロバンで政治や経済してはならんぞ、神の光のやり方でないと治まらんぞ、与える政治がまことの政治ぞよ、臣民勇む政治とは、上下《うえした》まつろい合わす政治のことぞ」

「今の政治は貧《むさぶ》る政治ぞ、神のやり方は与え放しざぞ、ウズぞ、マコトぞ。今のやり方では世界は治らんぞ、道理ぢゃなあ。天にはいくらでも与えるものあるぞ、地にはいくらでも、どうにもなる、人民に与えるものあるのざぞ、惜しみなく、くまなく与えて取らせよ、与えると弥栄《いやさか》えるぞ、弥栄なって元に戻るのざ、国は富んで来るぞ、神徳満ち満つのぢゃ、この道理判るであろうがな」

「このたびの岩戸開きは、なかなかぞと申してあろうが、見て御座れ、善一筋の与える政治で見事立て替えてみせるぞ。和合せんとまことのおかげやらんぞ、一家揃うたらどんなおかげでもやるぞ。一国揃うたらどんな神徳でもやるぞ、自ら頂けるのざぞ。神いらん世にいたしてくれよ」

どうやら『日月神示』によると新しい時代の政治と経済のあり方は、エゴにもとづいたものではなく、互いに与えあう姿勢にもとづいたものとなるようです。
これは、LEAP/E2020のいう「地域コミュニティーへの回帰」や、ウェブボット・プロジェクトにおける「広域自給自足経済圏」、あるいは、カール・ヨハン・コルマンさんのいう「持続可能な社会」を思わせる政治・経済のあり方ともいえそうです。
また、神示によると、私たち自身の体も「半霊半物質」といわれるような性質に変わってくるというのです。

「半霊半物質の世界に移行するのであるから、半霊半物質の肉体とならねばならん、今のやり方ではどうにもならなくなるぞ、今の世は灰にするより他に方法のない所が沢山あるぞ、灰になる肉体であってはならん、原爆も水爆もビクともしない肉体となれるのであるぞ、今の物質でつくった何者にも影響されない新しき生命が生まれつつあるのぞ。岩戸開きとはこのことであるぞ、少し位は人民つらいであろうなれど、勇んでやりて下されよ」

「神の国光りて目あけて見れんことになるのざぞ、臣民の身体からも光が出るのざぞ、その光によりてその御役、位、判るのざからミロクの世となりたら何もかもハッキリして嬉し嬉しの世となるのぞ、今の文明なくなるのでないぞ、タマ（ゝ⃝）入れていよいよ光りて来るのぞ、手握りて草木も四ツ足も皆唄うこととなるのぞ、み光に皆集まりて来るのざぞ、てんし様の御光は神の光であるのざぞ」

「神の世と申すのは、今の臣民の思うているような世ではないぞ、金は要らぬのざぞ、お土からあがりたものが光りて来るのざぞ、衣類、食べ物、家倉まで変わるのざぞ。草木も喜ぶ政治と申してあろうがな、誰でもそれぞれに先の判る様になるのぞ。お日様もお月様も海も山も野も光り輝くぞ、水晶の様になるのぞ。博打、娼妓は無く致すぞ。雨も要るだけ降らしてやるぞ、風もよきように吹かしてやるぞ、神をたたえる声が天地に満ち満ちて、嬉し嬉しの世となるのざぞ」

半霊半物質の世界に移行する……とは、量子物理学では十分に説明ができるのですが、現実の多くの人の常識では考えられない話です。『日月神示』は8通りに読めるともいわれますから、言葉そのままの意味ではないかもしれません。

しかし、信頼できるフシギな能力者のなかにもこれと同じことをいう人がおり、頭ごなしに否定することもできないな、と思っています。

また、伊達巌さんの最近の解析では、『聖書の暗号』にも「アセンション」と「ヒマラヤ聖者」という言葉が近接して出てきており、いわゆるアセンションが起きると私たちはヒマラヤ聖者のような奇跡的なことを起こせるように進化するようにも思えます。水の上を歩いたり、虚空から食べ物を取りだしたり、分身して2か所に現れたりできると考えると楽しいことです。創造主と意識的に一体化するとそういうこともできるようです。

私は昔から『ヒマラヤ聖者の生活探求』という本が好きで精読してきました。そして、ムリだろうが、夢のなかでもいつかはそこで語られる聖者のようになりたいものだと思ってきましたが、「ミロクの世」が近づくといよいよそれがかなう人も出てくるというのです。

少し常識外れな話なので、これをどう理解するかは読者の判断にお任せしましょう。

ともかく、『日月神示』によると「ミロクの世」とは次のような世界であるようです。これは中矢さんがまとめたものです。

- 与える政治、与える経済で、金銭は不要となる。税金なども一切なし。
- 政治、経済、行政、祭祀はみな一つになる（真の祭政一致）。
- すべて自主的な奉仕により運営される世の中となり、苦役としての労働はなくなる。
- 一人一人が自然な形で信仰を持つ。ただし、今のような宗教や教祖はすべてなくなる。

・それぞれの国や民族によって固有の信仰形態ができる。ただし、今のような宗教的対立はなくなり、互いに霊性を切磋琢磨し合い、援《たす》け合うような関係となる。
・神人合一の「天津日嗣皇尊《あまつひつぎすめらみこと》」が日本に現れ、世界を統一する。ただし、力で無理やり従わせるのではなく、磁石が北を向くように、自然に統一される。
・裁判所、警察、刑務所などは必要がなくなるため、存在しない。
・産業、交通、娯楽、食物、嗜好品など、生活のことごとくが変わる。
・身体から発する霊光《オーラ》により、その人の身分や霊格、職掌などがわかる。
・無益な殺生はなくなる。食用のためと称する、と畜、漁、狩猟などはなくなる。
・すべての人類のみならず、動物、草木、虫までもが共に和し、楽しむ世となる。
・寿命は長くなり、身体も大きくなる。
・誰しもがある程度先のことを見通せるようになる。
・今のような大便小便までも変わり、不潔なものがなくなる。
・五風十雨《ごふうじゅうう》（必要に応じた天候気象）となり、寒暖は穏やかとなる。
・今までのような物質でない物質の世となる。

（『いま人に聞かせたい神さまの言葉』徳間書店刊より引用）

２０２０年、遅くとも２０２５年までに、私たちは大激変を乗り越えて「ミロクの世」を実現しているようになりたいものだと思います。

神まかせでなく、私たち人間で創れるだけ「よい世の中」を創りたいものです。

岡本天明さんの手を借りて最初に降ろされた神示は、「富士は晴れたり日本晴れ　神の国のまことの神の力を現す世となれる」というものでした。

そのように晴れ晴れしい世界が現れるところを、ぜひ読者と一緒に見たいし、経験したいものですね。われわれも努力し、夢を持って生きようではありませんか。

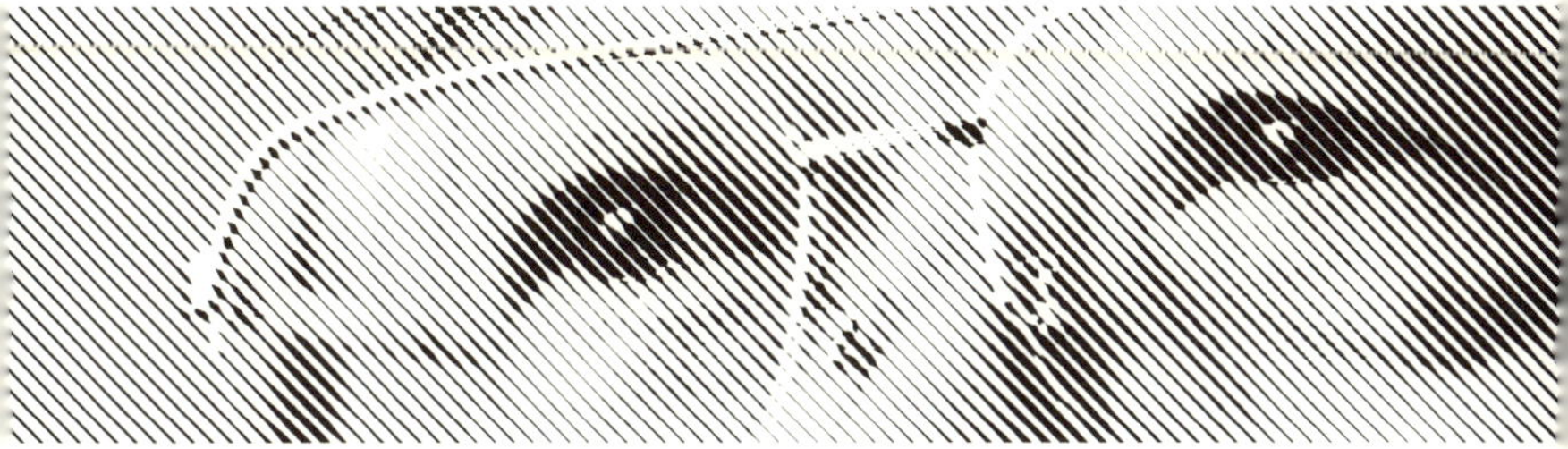

6

本書の総まとめ——本物の時代がやってくる

1　日本人だけでなく、「真の有識者の気持ち」が大きく変わった

本書の第1章から第5章では、これから10年くらいの間に「世の中」というか人間社会が、大きく様変わりするだろう……と、私の知っている最先端情報をもとに述べてきました。

それらは、多くの人にとりましては常識外れのことでしょうが、結果論として「こうなるだろう」とずばり書きました。本章では、それらも含め、私の意見を常識的に述べ、本書の総まとめとしようと思います。

これらは「経営のプロ」として、近未来のことを的中させつづけてきた私の経験と予測法、そして直感によるものになります。本書では、ここまでは『予測はしないほうがいいのだが』という題名をたえず気にしながら、多くの予測を書いてきました。

その基本には、予測について松原照子さんや、カミンチュウさん、ジュセリーノさん、そのほか私の知人の天才的な人が見たり聞いたりしていること、あるいは未来を記していると思える『聖書の暗号』や『日月神示《ひつきしんじ》』などの資料をフル活用しましたので、いままで本書内で記したこ

とのほとんどは過去の経験に照らしても的中すると思っています。

それらはまとめていいますと、人類がこれから急速に進化し、近未来にはよい世の中になる……ということです。うれしいことです。もちろん、そのために大変化が起きそうですから、人類の近未来、特に今年からの3〜4年間は大苦難が私たちを襲う可能性が大きいようですが、それも個人として正しく生きれば、大丈夫のもようです。

ところで本章では、いままでの本書の第1章から第5章までと異なり、多くの情報が集まり、常識的にもいろいろなことを知っていそうな（と思える）私が、最近、特に3・11大震災後に感じたことを、ストレートに常識的に述べようと思います。本来の私は、よく働き、よく学んで来ましたが、それとともに完全な常識人だと思えるからです。

78歳半ばを生きてきた常識人の本音のコトバとして本章をお読みいただければ幸せです。ところできょうは2011年6月18日（日）です。

では書きはじめます。

私のホームページ（船井幸雄・com）や「ザ・フナイ」誌上で、一部は書いたものもありますがご了承ください。もちろん、現時点用に引用文を変更しています。
①3・11地震で世の中は以下のように変わりそうだ。

人間は、特殊な才能を持つ一部の人を除いて、将来のことはわからない存在です。さらに、人は予測や予言にこだわります。だから予測や予言はするべきではない……というのが賢明な人の常識です。ところが、既述のように、将来のことがわからないはずのふつうの人間である私が永年、将来のことがわからねばできない仕事をしてきました。経営者、経営コンサルタントを業としてきたからです。

経営者としては、失敗しても自分で責任をとればよいのですが、経営コンサルタントは、将来を読み違いますと、クライアントに迷惑をおよぼします。責任をとってもそれで終わりというわけにはいきません。間違うわけにはいかない仕事だったのです。

「まえがき」などの記述のくり返しになりますが、私は1956（昭和31）年からコンサルタント業を始めたのです。1967（昭和42）年までは、予測違いで、間違いのきわめて多い経営コンサルタントでした。ただクライアントが大企業ばかりで、潰れることがなかったので、ことなきを得てきたのです。

ところが1965（昭和40）年ころから、中小企業にまでクライアントの範囲が広がってきましたので、65～67年には、多くの中小零細企業をアドバイスミスで、潰したり潰しかけたりしました。思いだすのがつらいくらいです。

クライアントには日々の生活がかかっていますから、私もどれくらい悩んだか知れません。

しかし、1967年の半ばころからは、アドバイスの失敗がなくなったのです。

それから2003年に船井総研の代表者を辞め、経営コンサルタントを業としなくなるまで、約1万5000社、数万件の経営アドバイスをしてきましたが、失敗は皆無といってもいいくらいだったのです。

その理由は、「経営のコツ」とともに「予測のコツ」を知ったからだと思います。もちろん、引き受けた経営コンサルティングにつきましては、どんなことにも生命がけで対応しました。これがアドバイス成功の条件の第一です。

その予測のコツを活用して、本書の原稿を書きはじめたのです。

サブタイトルは、『44年間、何万件も当てた男の今後の予測』とでもしようかと思っております。

ところで、なぜ私の予測が過去40年余、90数パーセント以上も的中したかはすでに第3章に書きましたので、参考にしてください。いま私は3・11大震災が「きっかけ」で、「世の中は大きく様変わりしはじめた」と考えています。

これも予測の一種だと思いますが、「このように変わったようだ」と思ったことの結論だけをまず述べたいと思います。

（A）日本を含めて世界のいまのリーダー層には、原発推進派が多いようですが、たぶ

ん、これからは原発はつくれなくなっていくでしょう。日本では特に不可能でしょう。

日本では浜岡原発が停止し、ドイツやイタリアは原発廃止を決めました。安全の点、低価格でない点などで、一般大衆の反対が急速に強くなると思えるからです。

(B)「いまだけ、自分だけ、お金だけが何より大事だ」といういままでの世相も日本から変わりはじめ、世界に急速に波及するようになるだろうと思います。いままでの考え方は「真の自然の理《ことわり》」に反するからです。それに世界中がこのような日本を無視できなくなりそうだからです。

それとともに、過去数万年、地球人を把《と》らえていた陰謀、策略、脅しなどによる人類への暗黒の統治時代も消えていくでしょう。人類は新しい時代に3・11震災で入ったようです。

(C)拡大、成長を基本とした物やお金のmore(モア)&more(モア)を追求する時代も終りを告げそうです。はっきりいえば資本主義はこれから急速に崩潰《ほうかい》に向かって進むと思われます。今後は社会システム自体が変わり、具体的には企業の経営目標なども急変するでしょう。今後は、ムダを少なくする節約時代に入りそうです。すでに日本では節電を中心に動いていますが、浪費大国のアメリカでも急速に節約ムードになりました。

(D)自主・自助の風潮が強まり、互助というか地域共同体的なものが社会運営の主体になっていきそうな予感がします。グローバリズムはこれから消えていくでしょう。

（E）日本は雛形の国として、世界に先がけた動きをはじめるでしょう。すでにフリーエネルギー技術、放射能をコントロールする技術、あらゆる病気を克服する技術などが日本人から続出してきました。それらは実績と技術革新に裏うちされ、それらによって世界のリーダーシップをにぎるようになるだろうと思います。

多分、世界戦争などは、今後は起こせない時代になっていくと思います。

主な点は以上のようなことですが、これらはいままでの世の中の流れというか常識の逆で、読者の社会常識に反することが多いと思います。

が、未来予測のプロとして、あらゆる情報と自分の経験と勘から、以上のようになりそうだと思えてならないのです。

そしてたぶん、ここで書いたことは90パーセント以上は実現すると思えてなりません。その意味で3・11大震災は、世の中を大きく変えるきっかけとなったと思います。

これから10年くらい、ここに書いたことを参考に、読者も世の中の動きをじっくりとご観察ください。必ず参考になり、的中するので、びっくりされると思うのです。

②3・11大震災後気づいた「人間としての正しい上手な生き方」

次は近々に私のホームページで発信しようと思っていることです。

私ごとを書きますが、ご容赦ください。一部、本書内で既述したこともあります。

今年3月11日、東京で地震に遭いました。

当日は、午後3時すぎに会社（品川）を出たのですが、自宅（熱海）に帰れたのは3月12日の午前1時ころでした。普段は1時間弱で帰れるところを10時間もかかりました。

また3月14日に生まれてはじめての入院、左下顎骨の手術を3時間余かけて受けました。手術は成功したのですが、病名は左下顎骨の骨髄炎でした。

いまだにほっぺというか左顔面の一部がしびれ、痛く、再手術が必要な可能性も否定できません。ともかく、いまのところ治療法が確立されていない難病とのことです。

ともかく世の中も大震災で大変で、大変化がありましたが、私も大変化を経験しました。口内が痛く話しにくいので、この間、ほとんどしゃべらず、集中して3冊の本の原稿を書きました。集中すると一時的に痛みを忘れられるからです。

4月上旬に書いたのが『本物の生き方』（海竜社）ですし、5月上旬にまとめたのが『世界でもっとも入りたい5つの会社』（李白社、フォレスト出版）です。

そして6月中旬にまとめたのが本書です。それぞれ内容は、まったく別の分野ですが、ともによい本になったと思います。5月、6月の2冊は再版もされ、よく読まれているようです。

東日本大震災当日、首都圏の交通網は完全に麻痺した。筆者も通常なら1時間の距離を10時間もかけて帰宅した。写真は東京の世田谷区で、深夜に徒歩で帰宅する人々の列。道路も大渋滞だった（写真＝共同通信）。

本の原稿を書くときは、全力を集中して考えます。知恵が湧いてくるようです。

御多分に洩れず、3月11日以降、私もそれ以前と違ったことをいろいろ考えました。特に絶えず痛みとしびれに悩まされていただけに、「なぜか」ということと、「人としての正しい上手な生き方」については深く考えました。そこで考えついたことを、まとめて次に記したいと思います。これは読者の参考になるように思うからです。

(A) 否定してはいけない。

世の中には、いろいろなことが起こります。3・11東日本大震災で多くの被災者が出ました。私も4年有余も体調を崩し、いまは治療法がわからないといわれている難病に直面しています。ただ、それが完治できそうな療法が、先月になって見つかり、今月から治療を始めました。量子医療です。よくなる可能性はあります。

ともかくどう考えても、世の中で起こることは「必要・必然」なようです。しかもそれは「ベスト」にできそうです。だからどんなことも肯定し、否定してはいけないようです。

これが、まず気づいた「正しい上手な生き方」の基本でした。

(B) 20数年前からいってきましたように、これから10年もたたない間に資本主義は潰れるでしょう。

これは論理的思考のできる人が常識的に考えるとだれでもわかります。あと1〜2年で、そのことは、多くの人がわかってくるだろうと思います。

とはいえ、いまはまだ「お金」が必要な時代です。1〜2年中にハイパーインフレに入る可能性がありますが、いま資本主義は断末魔のあえぎをしています。

このようなときでも、やはり「お金」は稼がねばなりません。そう考えますと、いまは稼げないことはしないほうがよいようです。しっかり正しく稼ぎましょう。

しかも時流から見て、これからは汗水を流して稼ぐことが必要なようです。策略や陰謀で稼ぐのはよくないし、不労所得も、やむをえない人以外は追及しないのがよいようです。そしてお金や物を節約し、大切にすることが大事になると思います。

(C) 多くの人が、それぞれ勝手なことをいいます。とはいえ、できるだけ多くの人の種々の意見を聞くのが大事なようです。それらを上手にまとめ、結論は自分の責任で自分で出し、正しいと思う生き方をするべきだと思います。

多く聞き、自分の経験と勘に照らしあわせますと、自分なりの正しい答えが出てきます。それに従って生きるのがよいようです。

ともかく、どのような人の意見も否定しないで、まずすなおに聞くこと……が、いまほど大事なときはないといえそうです。

ただ結論は必ず自分で出してください。それが必要なようです。
(D)すでに多くのところでいわれていますが、これからは自主、自助の時代です。国や自治体などにたよる「お上だのみ」では今後は救われないでしょう。
人間は自主、自助でやれるだけやるのが正しいようです。

そうしますと、必要なほかからの援助が自動的に出てくるように、世の中の仕組みはできているのだと思います。
(E)そして他人《ひと》さまには、どんな人に対してもとことん親身で誠実につきあうべきだ、と思いました。親身にまさる生き方はなさそうです。さらに、自分のすること、しなければならないことは「生命がけ」でやるべきだ……と気づきました。
私は仕事上でつきあう人や、家族には、親身、生命がけのつきあいを何十年もやってきたのですが、ようやく「いつでも、だれに対しても」と気づいたところです。これからはやります。

以上の5つをまとめたのが3・11東日本大震災後、気づき、いま実行しはじめたことです。これらをやると、よいと思います。

もし、いまの私の「左下顎骨の骨髄炎」が再手術しなくともよくなったとしますと、これら5つの生き方に変わりつつあるのが正しかったのだと思います。いまはまだかなり痛いのですが、結果をたのしんで日々を送っています。

ここでは私ごとを中心に書き、申しわけありませんでしたが、人間が肉体を持って個として生きている以上、私ごとはすべての基準になります。

……というより、私ごと以外に自分では、本当のことがはっきりとはわからないし、いえないからです。私ごとを書いたのは、ご容赦ください。

2　福島第一原発事故には、神（?）の意志を感じる

福島第一原発事故は、3・11東日本大震災の「おまけ」のようなものです。

原発の安全神話がふっとびました。「絶対安全だ」と信じていましたので、びっくりしました。たぶん、もう原発は地球上から、いやおうなく消えていくでしょう。それが人類の知恵です。というより、神（?）の意志だと思います。

しかも大震災直後に1号機だけでなく、2号機も3号機もメルトダウンしていたのです。

そのことを東電は知っていたでしょう。政府も知っていたようです。日本のマスメディアは知らなかったようです。アメリカやフランス、ロシアのトップや専門家は知っていたと思えます。ところが一般に公表されたのは、まだ最近のことです（きょうは6月19日です）。多くの人はびっくりしました。

とはいえ、このことを3月12日に公表されていますと、日本中どころか世界中がパニックに陥っていたと思います。マスメディアを通じてメルトダウンの恐ろしさが、同時に強調されたと思えるからです。

特に3号機のプルトニウム原発のメルトダウンは、「数百キロ内は人が住めなくなる」といわれたはずです。そのように理解していました。大阪の近くまで人が住めなくなるとしますと、日本国はあきらかに崩壊です。

現実はメルトダウンしたのですが、大震災のおかげで3号機は自動停止していたので大難を逃れられたようです。

「レベル7」のチェルノブイリや「レベル5」のスリーマイル島の原子炉と違うのは、この両方とも運転中に事故が起きたことです。福島第一原発はフランスやロシアの専門家の言のように実際は「レベル6」くらいのもようですが、決定的に違うことは原子炉が停止していたということのようです。

それゆえ浜岡原発も運転停止にしたのだと思います。

停止していたがゆえに、50キロ以上離れたところでは現状では放射能もほぼ安全なようです。20キロ内でも安全なところはかなりありそうです。とはいえ100パーセント安全とはいえないから、注意は必要です。こういう事実を知れば、もし運転中だったらと考えると、「ぞっ」とし

メルトダウンを起こし、その汚染水処理に14年もかかったといわれるアメリカのスリーマイル島原発。メルトダウンは世界でもこの一例だけだったが、福島第一原発はそれに次ぐケースとなった（写真＝UPI／共同通信）。

ます。が、これらのことを知り、日本はサムシング・グレートというか、神（？）に守られているようだ……と思ったのです。

3号機のメルトダウンが発表されなかったことや、地震で自動的に停止していたことには、宇宙や地球を管理する偉大なる存在の意志を感じるのです。それにもっとも危険な核爆発や再臨界は起こりえないといわれているのです。理由は、核納容器の底にメルトダウンしてたまった核燃料は溶けた制御棒と混ざりあっており、その制御棒の成分の核分裂反応のときに出る中性子を吸収してしまうからということです。

最近、心ないことをいう政治家の親子が、「3・11地震は天罰だ」とか「原発を今後は中止しろといっているヒステリー状の人々が多くいる」などと暴言をはき、良識者の眉をひそめさせていますが、被災された方にはお気の毒としかいいようがありませんし、われわれは全力をあげて被災者を援《たす》けねばなりません。

とはいえあの巨大地震には、人類のおごりたかぶりと、間違った生き方をたしなめ、世の中の転換を願う神（というか高次元の存在）の意志があったように思えます。

福島第一原発の場所は、主として西風が吹くところで東側を海岸に面して立地していることなどを考えますと、これだけはよかったな……と思います。その点、心から感謝します。マクロには「悲惨な事故だが、地震の起こり方そのものにも、立地していた場所にも、悲劇のなかのよかったことのひとつとして感謝しなければならないな」と思っています。

6月13日に発信した私のホームページ上で、「3・11大震災の本当の理由」という題名のもと、私見を書いておきました。ここではその一部の結論だけを転載します。

①原発は、政府や電力会社のいままでの発表と違って、低価格でもないし、不安全きわまりないものですから、とりあえず今後はつくらず、いま稼動しているものは至急停止させるというドイツ流やイタリア式政策が正しいでしょう。
②この①により、いままでの資本主義的な拡大成長の志向は考え方を変え、電気を含めていろんなムダをやめ、エネルギーなどの節約的生き方に変わるべきだと思います。
③たぶん、日本人が上記の①②を率先してやるべきときのように思います。
以上のような地球人類の方向転換のためにサムシング・グレートが3・11大震災を認めた……と考えられないこともないと思っています。

とはいえ、90パーセント以上はこの大震災とそれによる被害は人災といえそうです。

自然を征服し、金銭欲を含めてぜいたく欲などを充たそうとするエゴ的、策謀的な最近の世相が、この大震災や原発事故の本当の原因だと考えるとすべてが納得できます。地球は泣いているか怒っているようです。

④もちろん良識的な大衆の人智はすぐれています。特に日本人には期待できます。必ずこの大震災と大被害をプラスに転じるだろうと思います。

そういう意味でも賢明な読者諸氏におおいに期待しております。よろしく……と。

以上を私の本音として、お受けとりください。

政府、東電、マスコミの信用できそうにない発表もふくめて、少し学んだうえでの直感的な本音です。

3　中国とは注意してつきあおう

中国政府の発表が信用できないのは現在では世界の常識です。

13・4億人の人びとを、ひとつにまとめていかねばならないのですから、ある程度のウソもやむをえないでしょう。ここで中国のことを少し論じましょう。

①注目に値する『2012年、日本経済は大崩壊する』（朝倉慶／幻冬社）の中国分析。

私は同書をまだ読んだわけではありません。ただ著者の朝倉さんが親友で、いつも情報交換をしていますから、同書の内容はほぼわかります。この本で注目するべきことは、中国についての彼の記述です。

中国はいまから、不動産バブルの崩壊で、たぶん経済面で近々にどうにもならなくなるような気がします。

現在、中国の中央銀行である人民銀行の総資産が世界一になっています。これはとんでもないことなのです。

この意味なども同書で十分に知ってください。

以下は同書の「まえがき」の彼の原稿の一部ですが、ここ10年、目先の経済現象を予測して当てつづけてきた朝倉さんの本音を少しだけ知ってください。

以下、彼の了解を得て掲載します。（　）内は私の注釈です。


（同書の）第4章は、米国やEU、中国などを含む世界経済についてです。国債暴落で日本の財政は破綻しますが、米国やEU、中国も安泰ではありません。世界的な激しいインフレの波から、いかなる国も逃れることはできないのです。

リーマン・ショック後の常軌を逸した資金のばら撒きは、すでに限界に達しており、これからは、その副作用を体感するのみです。世界中で山のようにマネーが印刷されましたが、ばら撒かれたのはドルだけではありません。ユーロも円も中国の元も、膨大にばら撒かれ続けているのです。今後世界で訪れるのは各国の国債市場の大暴落（金利急騰）、それに伴なう通貨価値の失墜、さらに加速するインフレです。世界経済は鎖のようにつながっているため、一度どこかで市場の波乱が起きれば、その影響は瞬く間に世界各国に広がるのです。

２０１２年、いよいよ世界中の資本主義のシステムが崩壊に向かいます。そして、その大混乱は実のところ、長期間にわたって極秘裏に計画されていたものなのです。なぜか？　それは世界の国々がとめどなく発展し、人口が増え続け、資源が消費されれば、地球は人類にとって生存不能の地になるからです。米国、ＥＵ、中国の戦略と本音、思惑について詳しく述べていきます。

同書のなかには、日本の国債についても朝倉さん流の見方というか真実が書かれています。これも同書の「まえがき」の彼の原稿から転載します。

（同書の）第３章は日本の国債を取り巻く環境についての知られざる真実について述べます。日本国債の暴落はもはや時間の問題で、解決策などありません。税収38兆円の国家が、どうやって１０００兆円もの借金を返すことができるのですか？　返済は１００％不可能です。これほど借金をした国家が、その借金を返した歴史もありません。

２０１１年度の予算は92兆円、税収は41兆円の予定でしたが、地震の影響で税収は大幅減です。おそらく55兆円近い歳入不足となるでしょう。消費税を５％上げても、約12兆円増えるだけ。焼け石に水です。なぜ政府は地震後、すばやく第２次補正予算が組めないのか？　国債暴落が怖いからです。しかしながら、国債の需給状況を知りぬいている財務省幹部は内心、日本国債の暴落は避けられないと思っていることでしょう。

また独特の将来見通しで私が朝倉さんとともに、的中率抜群といってよいと思っている藤原直哉さんは、今年6月8日の「藤原直哉のワールドレポート」内で中国について次のように述べています。これも彼の了解を得たので一部だけを転載します。

そして中国ではバブル潰しで行っている極端な金融引き締めの結果、いよいよ中小企業の連鎖的大量倒産が本格的になってきたようです。これが実は非常に怖いことで、ひとつは大量の失業者を生んで政治が不安定になりますが、製品の製造と、流通が止まってそれが世界に大きな影響を及ぼすことがあるのです。北京政府内部では既に相当激しい権力闘争が来年の政権交代をにらんで進んでいるようで、温家宝首相がすべての矛盾の責任を負わされつつあるようです。また、北京の大学では文化大革命のとき以来というきわめて厳しい監視体制がひかれていて、密告奨励に監視カメラと、中国も急速に昔の社会主義に戻りつつあるようです。そして米国のナスダック市場に上場している中国系企業では、よく粉飾決算が露見して投資家の信用が失われ、また中国政府は米政府の統計によれば満期の短い米国債をこの2年間に大量に売却しています。これを見ても米中関係はパキスタン・南沙諸島での対立以外に金融面でも相当なことになっていて、米中蜜月を軸にしたグローバリゼーションの世界体制はどんどん過去のものになりつつあります。

以上の通りだと私も思います。

そのほか、月刊誌「選択」の2011年6月号には〝「中パ接近」は大波乱の始まり〟という文章と〝中国は激しい「権力闘争の季節に」〟そして〝中国自動車市場は「ピーク」に近い〟と3本もの中国記事が載っています。いずれも中国にとって芳しい内容ではありません。

来年（2012年）秋の、中国共産党第18回全国大会で国家主席に選ばれると見られる太子党《たいしとう》系の習近平氏に対して、胡錦濤《こきんとう》系の共青団勢力が弱体化しないためのかけひきもあり、経済苦境などと併せて、中国政権の現状は、非常にむつかしいもようです。

②政治家というのはウソをいわねばならない職業のようだ。
「辞めます」と自ら宣言しておいて一向に辞めそうにないフシギな人を、いま日本は首相に据えています。首相だけでなく、考えてみますと、日本政府も中国同様、国家にとって不都合な情報は消して発表しないか、改竄《かいざん》するのが常識になっているようです。したがいまして、戦時中の大本営発表と同様で、100パーセントの信用をすると、ひどい目にあいます。気楽につきあっておけばいいのでしょう。

国策企業の電力会社も似たりよったりで、東電もいいかげんな会社です。こんな株式会社が超優良企業だったのですから、3・11以降、経営のプロとしていろいろ考えさせられました。

政府の中核の政治家や官僚、あるいは東電の全社員が悪い人たちというわけではありません。いまのところそういう組織体だと考えればよいのが、3・11以降は、国民にはっきりばれてしまいました。これからは政治家というだけでも恥ずかしいし、役人の名刺などもふつうの人々には恥ずかしくて出せなくなる気がします。東電社員もかわいそうです。仕方がないでしょう。

それは『官愚の国』(高橋洋一/祥伝社)という本を一冊買って読むだけで十分にわかります。日本の政治家、官僚の無能さはキャリア官僚にあるようです。いまのところ無能な者しか選ばれないシステムを意識的に人事院が採用しているようです。

終戦後、日本を占領したGHQが、日本人が二度と立ちあがれないように日本に押しつけたものがふたつあります。

そのひとつは旧制高校の廃止を主目的とする学校制度の変更でした。このことは今年7月に入りましたら、「船井幸雄．ｃｏｍ」に書く予定です。あとのひとつは日本国憲法です。

この前者の教育制度下をすごしたキャリア官僚は、まだよかったのです。しかし彼らが引退したあとの日本がどのようなざまか、これは1990年以降の日本の現実がはっきり示しています。「官愚の国」だからでもあるのですが、当然のように親のあとを継ぐような政治家は、官僚に頼らねば何もできないシステムになっていますから日本は「政愚の国」にもなったのです。

ともかく愚かなうえに、システム上は日本をリードしなければならないのですから、彼らはかわいそうな人たちです。同時に国民もたいへんです。

3・11事件で政愚、官愚の国のいまの政官リーダーたちのつまらなさが国民に十分にわかりましたので、国民は、まず政治家を入れかえるでしょう。

政治家とともに「ウソをつかねばならない」というか「ウソをいってもいい」職業は中央銀行のトップです。これは昔から認められていたことでした。

FRBのバーナンキ議員が、アメリカ議会で「2008年のリーマンショックのときに、全米15の大金融機関中、12が倒産、破綻《はたん》の危機にあった。リーマンブラザーズだけで済んだのは本当によかった」と証言しています。しかし彼は当時は、「アメリカの金融（大金融機関）は大丈夫」

といいつづけていました。ウソをいっていたのですが、それは立場上、許されるのです。そういう立場の人だと知って発言をきけばいいのです。

その点、日本は零金利《ゼロ》で、これはしばらく変えようがないので、日銀総裁のいうことはいまのところ信用できますが、過去は多くのウソを乱発していたのが日銀の各総裁でした。

ともかく、経済の真実は、朝倉さんや藤原さん、それにもうひとり信用できる人をあげますと、T―MODELという手法を発見したT―MODELインベストメント㈱の塚澤健二社長ですが、彼らと深くつきあい正しく知ってください。こういう人はマスコミには出てきませんので、彼らとのつきあい方をぜひ知ってください。

先ほど書いた中国については、今年の12月に中国最大の不動産投資会社が危機的状況にあると報じられました。その会社は1800兆円の不動産株投資をしており、金融引き締めで、そのほとんどが不良債権化しそうだというのです。

事実は調べていないので正否はわかりませんが、もし、この報道が正しければ、中国の不動産バブルの崩潰とともに、中国経済も破綻するでしょう。その点でも朝倉さんの新著が待ち遠しいのです（私は7月5日に入手し、6日に読みました。参考になりました。ぜひお読みください）。

ともかくウソをつくことが本業の政治家や政府の発言は、そう思って注意して聞いたほうがよいでしょう。

4　日本は近々、真の独立国になるだろう

どうやら2015年ごろまでに、日本は真の独立国になりそうです。非常識発言でいえば、『聖書の暗号』にそのように予見されております。

ただ常識的に考えても、アメリカが経済的に近々破綻する確率は90パーセントくらいありますし、中国も日本と仲よくやっていきたいでしょう。中国には日本を占領するなどの余裕も気持ちもなさそうです。これにつきましては私の最近著『本物の生き方』（海竜社）に書きました。御一読ください。

ロシアもこれから経済的にたいへんですし、北朝鮮（朝鮮民主主義人民共和国）は、そんなにこわがることはありません。ただし、朝鮮民族は優秀です。礼儀をつくして、相手を認め話しあえばよいのです。ともかくアメリカの戦略を知り、戦後ずっと日本はアメリカの属国であったという事実を、いま日本人ははっきりと認めるべきです。そのアメリカがどうにもならなくなれば、日本は解放され、アメリカからいままでのように収奪されることはなくなります。

もちろん紙くずになりかねないアメリカ国債で多額の損は出るでしょう。それを衆知を結集してなるべく少なくする工夫をこれから考えることが必要でしょう。

建設ラッシュが続く、中国・上海のビル工事現場。中国ではバブル景気によって不動産投資が加熱しているが、バブルは必ずいつかはじけるときが来る。そのとき、中国はもちろん、世界経済は大混乱となるだろう（写真＝共同通信）。

そのへんの具体論についてはいまのところわかりません。

『日月神示』のいうように世界中が日本に攻めよせてくる可能性があるかもしれません。ただ、これは常識では考えられないことです。

しかしGHQが日本を二度と立ちなおれないようにするために行った占領政策の大事な4つとは以下のとおりです。

①学校制度の改革
②日本国憲法の押しつけ
③大麻栽培の禁止
④日本の費用によるアメリカ軍の日本への常駐

これらは実によく研究した見事な政策だと思います。

だから、日本はまずこれらを、できるだけ上手に旧に復さねばなりません。

3・11震災で、目ざめた日本人は常識的にはこれらを正常なものにしていくでしょう。日本の大衆は一時は骨ぬきにされたようですが、本質は戦前と変わっていないと思います。優秀です。

今後どのようにしていけばよいのか。これから大至急考えようではありませんか。

私には、それは日本独自の新技術と和と一体化の組織力によるものによってと思えてなりません。それに生命がけになればよいのです。これらは日本人のすばらしい特性です。

日本人は優秀なのです。半世紀強ぐらいは骨抜きにされたようでも、すぐに芯のよさが復活するでしょう。

戦後アメリカの属国であったことを是とし、甘い汁をすすったひとにぎりの人間どものやり方を少し調べただけでも対応策は出てくると思います。

たとえば原発利権をもっぱら自分らのものにし、活用したのは正力松太郎、田中角栄、中曽根康弘氏の3人が中心であったといわれていますが、これらはほぼはっきりしてきました。ともかく日本を売った日本人がいたのは間違いないことです。

このようなバカげたことを日本人全体が今後はしなくすればよいのです。エゴを捨て誇りを取り戻せば、真の独立はそんなにむつかしくないと思えます。

ともかく衆知をしぼって考えてみましょう。

ここで参考になるのは、ガンジーがインドをイギリスから独立させるために説いた7つの生き方です。念のために次にあげておきます。

①理念なき政府はつくらない。
②労働なき富は追及しない。
③良心なき快楽は最悪の行為と知る。
④人格なき知識は、使い物にならないことを知る。

⑤道徳なき商業をやめよう。
⑥人間性なき科学は邪であることを知ろう。
⑦献身なき者を崇拝することなかれ。

の7つです。

これらで、ガンジーは大英帝国からインドを独立させるための基礎としたのです。イギリスが落陽のときだったとはいえ、この例から見てもひとにぎりの有意の人の気概が民族の独立をもたらすのは間違いないといえます。

日本人はできるはずです。

5　10年後には病気はなくなるだろう

「がん」も「糖尿病」も心配不要なようです。それに私の「不治」といわれた心臓の病気（2007年7月に東大病院で、すぐに手術するようにいわれました。それはほかのふたつの病院でも同様でした。いずれも手術しなければ2年くらいの寿命だといわれました。しかし気がすすまず放りっぱなしにしていたのです。それから4年経ちます。どうやら量子療法→それもわずか2回、1回が20分くらいで、私は助かったようです）でよくなったようです。

医学は日進月歩です。近々に私のホームページに、これらのことを発表しようと思っています。が、一足先に本書にその大要を書きます。

①「がん」も「糖尿病」も簡単に完治しそうだ。

私は、私のホームページ内に、以下に発表する一冊の本のことを書くべきか否かを1か月以上迷いました。

「迷ったことはやめろ」というのが意志決定の原則だからです。

しかし、私自身が、いま、「はっきりした治療法がない」という左下顎骨の骨髄炎で、痛さや不便さに苦しんでいるので、「がん」で苦しんでいる多くの人の気持ちがわかります。

最近、やはり「紹介することにしよう」と迷いをふっきりました。以下に紹介します。

その本は、岡崎公彦著『がんの特効薬は発見済みだ！』(たま出版)です。

A5判50ページほどのハードカバーの本ですが、定価は本体が1000円です。ページ数の割には値段が高く、300円くらいでもよいと思うのですが、内容は10万円にも100万円にも値します。

著者は私と同年生れ、大阪生れの京大医学部を出た医学博士です。良心的なすばらしい医師だと思われ、いまも京都市右京区で開業中のもようです。この本を1050円を出して、ぜひ買って読んでほしいのです。

私が紹介をためらったのは、世界中の医薬業界の実態を経営コンサルタントとして、よく知っているからです。

「がん」が簡単に、しかもほとんど経費も不要で完治するとしますと、医薬業界に大影響を与えるのは間違いない……と思うからです。

私のホームページは、よく読まれています。今年4月と5月には、サーバーの容量オーバーで、読めないことが何回もあり、5月末に容量を増やしました。

たぶん、このページの私の発信文も何十万人という人が見て、かなりの影響があると思うのです。

ただ岡崎さんは、私と同年であり、同じ大阪出身で京大の卒業生であるということに親しみを感じました。それに病気で苦しむつらさは、どうしても軽減し、なくすようにするべきであるという自分の経験と希望……そしてそれが正しい意志決定だという信念が、4～5回読み返している間に急速に強まりました。ふつうの人なら、この本は20分もあれば十分に読め、「がん」への対処策もわかります。それに治療もいたって簡単で、治療費もほとんど不要です。

本書のなかには、私が大好きで、若いころとことん研究したエドガー・ケイシーの話も出てきます。また糖尿病の治療法も出てきます。

正直にいえば、この本のとおりにがん患者が実行すれば、医師と医薬業界が少し儲からなくなります。しかし考えてみると、多くの医師は患者に対して親切でなく、いばっており、客志向がまったくできていないようですし、高所得者です。医薬業界も儲けすぎているように思います。日本の医療費も国家財政上の問題になりつつあります。もうこのような経費のかからないよい治療法をどんどん発表するべき時代だと思います。

ともかく1000円+消費税（50円）で本を買い、そこに書かれているように実行すれば、「がん」も「糖尿病」も、よくなると思います。

同書の最後に書かれている「若さを保つラクラク健康法」の文章だけを著者と版元のたま出版の了解を得て、以下に載せておきます。

若さを保つ、ラクラク健康法

同じ長生きでも、若々しく元気に長生きすることが望ましいのは言うまでもありません。身体の老化の元凶は、血管の老化です。血管の老化とは、すなわち動脈硬化です。そして動脈硬化は、血管内壁の沈着物の蓄積によってもたらされます。

この沈着物の主成分は、中性脂肪です。したがって、動脈硬化の改善が若さを保つ秘訣となるわけです。

動脈硬化の改善法は、食事・運動療法に尽きるというのが現代の常識です。食事制限は空腹感との戦いですし、運動療法も強い意志力と時間を要するという難点があります。

そこで、ラクに若さを保つ健康法をご紹介しましょう。

1980年ごろ、西ドイツのある体育生理学者が、非常に応用価値がある理論を提唱しました。すなわち、

「純粋なタンパクを経口摂取すると、消化管で消化されてアミノ酸となり、それが吸収されて肝臓に入り、タンパクに再合成される際に合成エネルギーを消費する。その結果、皮下脂肪、血管沈着物などの体内余剰物が分解燃焼して、この合成エネルギーの供給源となる」

というものです。これは、「プロテイン・ダイエット理論」と呼ばれています。

この方法だと、つらい食事制限や運動療法をしなくても、純粋タンパクを摂取するだけで同じ目的を達することができるわけです。純粋タンパクは容易に入手できませんが、その分解物のアミノ酸（必須アミノ酸）混合は、森下製薬のアミュー顆粒か、武田薬品のESポリタミンなどの医薬品として医業界に流通しています。

さらに、もっと身近に、手軽に、代用品で済ます方法があります。固ゆでタマゴです。

なぜ固ゆでタマゴが代用品になるかと言いますと、その主成分が高分子の核酸とタンパクだからです。核酸は卵黄の主成分ですが、消化管で消化され、モノヌークレオチド（核酸構成単位）として吸収されて肝臓に入り、核酸に再合成される際に合成エネルギーを消費しま

す。すなわち、純粋タンパクと同様の効能があるわけです。卵白はタンパク・アルブミンが主成分です。

また、卵黄の脂肪分は固ゆでの際に固化して吸収率が低下し、ほとんど影響はありません。卵黄に含まれるコレステロールは、肝臓のコレステロール分解酵素で分解・消滅するので、無害です。

これが、いわゆる「タマゴ・ダイエット」です。

量的には、理想は一日20個ですが、適量（例えば10個程）を続けてもよろしい。

タマゴ・ダイエットの唯一の弱点は、卵黄中の核酸が尿酸の原料なので、痛風を発症する可能性があることです。痛風発症の際は、必ず手か足の親指の第一関節に鈍痛が発生しますから、そんな時は尿酸排泄促進剤（ベンズマロン、トレビアノームなど）を一錠服用すれば、鈍痛が消退しますから痛風には至りません。ラクに若々しく長生きができます。

勿論、高血圧も正常化して、降圧剤は不用になります。また、糖尿病にも好影響を及ぼします。血中に過剰なブドウ糖が分解燃焼するからです（転載ここまで）。

最後に、この本を私に紹介してくれたのは、昔、私が船井総研社長時代に、私の秘書をやっていた加瀬恵の実（旧姓島谷）さんです。彼女はいま、有名な私の友人の弁護士の秘書をしております。6月9日に所用のついでに、この本を持ってきて読ませてくれたのです。十数分で読みました。もちろん、その場でアマゾンに発注し、その翌日には、本書を入手していました。よい本が入手できたと、喜んでおります。

みなさまもぜひどうぞ。いかがですか。悩んでいる人はこの本を読み、やってみてください。

①難病に朗報。量子医学の効果。

次は量子医学についてです。まず島博基さんの新著への次の文からお読みください。

本書を推薦します

船井幸雄

私はいま確実に新しい時代が来つつあると確信しております。人類の文明史にとって21世紀は、従来では考えられなかった新しい技術の出現と、人々の考え方の変化や経済面の激変が、新しい時代へのきっかけとなり、カオスから脱し真に飛躍する世紀となるでしょう。

本書では島博士自身が確立された量子医学の原理と、医療における量子波（テラヘルツ波）の効用について一般人にも分かりやすく説明されています。私も一昨年の9月に島博士による量子医学の治療を受けて九死に一生を得、その体験を拙著やブログでたびたび報告してきました。当時、私は10日余り後に横浜で私の主宰する「にんげんクラブ全国大会」があり、延べ1万人ほどの入場者の前で、2時間弱の講演を2回する予定がありました。それにもかかわらず、歩けないし、記憶力が戻らない状態だったのです。おまけに顔面の三叉神経痛のために、左頬と口腔内が痛く、ほとんど話せない状態であり、まともな日常生活を送れない惨憺たる状況でした。東京の大学病院の診断では三叉神経痛と大動脈弁狭窄症があり、テグレトールの処方を受け、また大動脈弁置換手術を薦められていました。実際まだ少し歩ける状態であった8月後半でも、自宅前の坂道では息が切れて休み休み散歩していたほどです。いよいよ私の人生も年貢の収めどきかと遺書を書き始めていたのです。この時に私の傘下にある大阪の会社の代表者が、島博士を熱海の私のオフィスにお連れしてくれました。博士は私の病状を聞くと、テグレトールの服薬を直ちに中止することを助言し、その場で量子医学の治療を施してくれたのです。その結果、すぐにまともに歩けるようになり、三叉神経痛の痛みも軽減しました。その後、数日すると思考もまともになり、山道も歩けるようになったのです。自宅前は急坂であるにかかわらず、歩いても不思議なことにほとんど息切れがしなくなりました。「にんげんクラブ全国大会」前に2回の量子医学の施術を受けた結果、皆様が御存知のように大会では両日とも見事に講演ができたのです。量子医学の治療時間は

1回が10分から20分位でした。通常は数分でよいとの博士の話です。魔法のような治療だと感じましたが、量子物理学に基づく治療の原理の説明を受けると、その分野に知識がある私には非常に科学的な治療手段であることがわかりました。大動脈弁狭窄症はいつのまにか治癒し、今では自宅周辺の坂道を平気で息切れなしに散歩できるようになっています。また、私どもの船井幸雄グループの優秀な従業員が脳梗塞になり、跛行《はこう》の上に足の痛みを訴えていたので博士に治療をお願いしたところ、その従業員はすぐに足の痛みが消え、普通に歩けるようになったようです。これも驚くべき量子医学の治療効果と言えるようです。

歴史的には量子物理学の登場で、物理学が初めて心象を説明できる可能性を示したことは今ではよく知られています。それは観測者効果と言われている現象が最先端の量子物理学において科学的に証明され始めたことですが、心象と物理的事実の関係を明らかにする大いなる契機になっています。すなわち、観測者の心の有り方が量子である電子の動きや陽子を構成しているクオークと呼ばれる量子の存在様式を決定することが科学的実験事実として認知されたということです。島博士は医科大学で外科系（泌尿器科学）の主任教授職を勤めながら長年量子物理学を学習しておられたとのことです。そして多忙な日常の中で量子物理学の原理を応用する方法として、細胞を正常化し、活性化するためにテラヘルツ波が重要であることに気づき、革新的とも言える量子医学を本書で提唱されています。すなわち、博士は生体における量子場の乱れが心の病を生じさせるとともに万病の要因となることを指摘し、量子場の乱れを正常に復元させるためにはテラヘルツ波が有用であることを、科学的に実証された実験事実から説明されているのです。この本を読めば、どのようにすれば心身ともに健康になれるのか島理論がよく分ります。読者諸氏には、この本を座右の書として常に読み、御家族とともに健康な日々を送られ、新しい世紀の激動的変化を乗り切って頂きたく量子医学の体験者としての私の推薦文といたします（転載ここまで）。

ちょうど、今年の5月27日に私は、左下顎骨の骨髄炎で、左顔面や口内が痛く、顔をしかめていました。そこへ島博士が久しぶりに見えたのです。島先生は、数分間、量子医学的治療を私の左顔面に行い、テラヘルツパワーシールを痛むところにはりつけてくれました。

ところで5月31日に私は病院へ行き、全身の検査などをするとともに、担当医師にこの骨髄炎の相談を含めて治療法を聞きました。

そのときにわかったことは、「いまのところ難病の一種で、効果のある治療法はないといってもよい」ということだったのです。

外科手術くらいしか、いまのところ方策はないようですが、これ以上、私は手術はしたくありません。そこで島先生の原稿をもう一度読み返し、量子力学の本を引っぱりだして勉強をやりなおしました。

そして6月3日の朝、島先生と特に親しい私の関係する会社の船井経営研究会の大阪駐在の橋本勉君に「骨髄炎なので、島先生の意見もきいておいてほしい」と連絡しました。

それに対する橋本君からの返事が、6月3日の午後にメールで届きました。

そのなかで私の病気について大事なところだけを転載します。


さて、会長の御病気の骨髄炎ですが……島先生に確認したところ、前回5月27日の量子医学治療で、「もう大丈夫」との事です。

後は、日にち薬でどんどん良くなるはずと……

耳たぶの下から指をあご骨に沿って下ろしていくと、3センチか4センチほど下りたところに窪みがあります。そこが下顎神経の通っているところなので、そこにテラシールを一枚貼ってください。

あとホッペで痛いところにも貼っておいてください。

都合2枚か3枚ほど貼っていただくと、徐々に痛みが軽減するとの事です。

そして、必ず治癒すると島先生は申しております（転載ここまで）。

その後、島先生からていねいなお手紙をちょうだいしました。

私はいま6月4日からテラシール治療を真剣に始めたのです。

私はいま78歳ですが、この骨髄炎以外はほとんど悪いところがありません。強いていうと、少し血糖値が高く、貧血気味で、軽度の肝炎があるくらいです。とはいえ、この病気は口内異常なので、しゃべりにくい、喰べにくい、痛いのが難点です。ところで、この量子医療の治療効果は出てきたように思います。

完全によくなってから、本書に書こうかと思ったのですが、難病に苦しむ人には1日も早い方がよいと思って、ここへ書くことにしました。

なお、島先生へのお問い合せは、（財）ＳＨＩＭＡ量子医学研究所』（ＦＡＸ　０６－６３７２－８７５６　メール：shima@siqm.org）でお願いします。

なお、量子力学というか量子物理学は、現在の主流の物理学理論です。

①意識が現実を創造する……ということ

②ミクロの世界では粒子は個であると同時に波である……ということ

③個々の粒子は宇宙の隅々にまで非局所的に広がっている……ということ

に集約された実証された物理学理論です。

量子力学の父といわれたニールス・ボーアの量子力学の正しい解釈は、「どんなに量子現象が奇怪であっても、それを正面からすなおに受けとめよう」ということで、この世は「バーチャル・シアター」のようなのです。多くの実験の結果、アインシュタインの物理学は見事に否定されたのです。

詳しくは、読者が御自身で量子力学の勉強をなさってください。多くの参考書があります。私は、たぶん、あらゆる難病も量子医学で完治の可能性があると思っています。それゆえ、あえて本書にこの一文を書きました。

多分、上記の記事のように、日本人のすぐれた医師たちの努力により、10年もたたない間に難病も消える可能性が強くなってきました。

もちろん、そのためには『日月神示』に書かれてあるような生き方が必要かもしれませんが、いずれにしてもうれしいことです。

6　日本人開発のフリーエネルギー技術が世界の話題になっている

私の年来の友人に、フリーエネルギー開発に生涯をささげてきた技術者がいます。まだ発表しますと彼の生命の危険があるかもわかりませんので、ここでは名を伏せておきますが、今年の3月15日から17日にアメリカの某大学で開催されましたSPECE, PROPULSION & ENRRGY SCIENCES INTERNATIONAL FORUMに彼は招待され「超効率インバーター」という主題で研究発表を3月16日に行いました。

彼の研究は再現性があり、効率的でもあるので、もっとも注目されたもようです。

彼は、アメリカ国立科学財団などから身の安全(?)や研究を保障され、近々家族とともにアメリカに移住するもようなのです。いまの日本では、これ以上の研究がむつかしいからのようです。

そこで彼の研究を、日本出発前後に日本語で一冊の本にするように奨め了解を得ました。たぶん、今秋くらいまでにヒカルランドから、それは発刊されると思います。

その詳細も論文内容も私は知っているのですが、3・11東日本大震災の直後、夫人とともに日本を出発した彼の功績が、いまでは、世界の学者に「本物」だと認められ、今後の世界のエネルギー政策の基幹になりそうなのです。

3・11以降のうれしいニュースとして、ここではとりあえず以上のことだけを報告しておきます。

彼を日本に引きとめておけないのは残念ですが、人類全体のためには仕方ないようです。

ともかく、いまだに日本の学者や政治家たちはひとにぎりの人以外は、彼の研究内容を信用しない(?)ようなのです。

いまの日本人の知恵、技術、それと日本企業の技術は、世界中の注目の的であり、それだけに日本企業はねらわれています。それが株の買い占めなどでよくわかります。6月17日の「日本経済新聞」は「変わる日本の株主」と題して「ＯＤ05」という正体不明の株主の日本株買い占めの実態と保有の状況を示しています。「ＯＤ05」は、いまのところ信託名義であって、真の姿はわかりません。保有比率が5パーセント以上になると実名開示が必要になりますので、それ以下に抑えているようです。ただ専門家筋では「ＯＤ05」の意味は「オムニバス・チャイナ」であり中国政府系のファンドだろうといわれています。私もそのような気がします。３３９ページに「日経済新聞」にのった表を掲載しておきます。

中国だけでなく、いまシンガポール政府投資公社や、サウジアラビア通貨庁の日本株買いがはっきりしていますし、東証上場の主要の３００社の外国人持ち株比率は、約30パーセントに達しています。

朝倉さんや私は、その目的のひとつは日本企業の技術力をねらっての投資であり、ふたつめは、彼らが近々に日本国債が暴落し、さらにハイパーインフレになると予想しているからだと見ています。

たしかに、そのときには日本株式は世界一急騰するでしょう。

米国債は今月（２０１１年6月）で、ＦＲＢが買取りを中止しますので、その後は金利が上が

「OD05」の主な保有銘柄

銘　柄	保有時価（億円）	保有比率（%）	株主順位
三菱UFJ	1,160	2.1	3
三井住友FG	798	2.2	3
キヤノン	768	1.6	9
三菱商事	719	1.8	6
武　田	585	1.9	5
ソフトバンク	571	1.6	7
NTT	564	1.0	6
ソニー	550	2.1	5
三井物産	547	2.0	4
コマツ	545	1.9	8
ファナック	505	1.7	5
任天堂	499	1.6	8
日　産	390	1.2	9
三菱地所	336	1.7	7
セブン&アイ	302	1.6	9
新日鉄	270	1.5	10
東　電	112	1.5	8

（注）保有時価は保有株数に３月末の株価をかけて算出

「ＯＤ05」による日本企業の株買収。いずれも株主名義の公開がいらない５パーセント以下の保有率に抑えられているが、名前と顔が見えない株主による買い占めはきわめて無気味なものだ（「日本経済新聞」の表をもとに作成）。

り急騰するでしょう。また米国株式や中国株式には危険がいっぱいです。ＥＵはもう存在自体が不安です。

日本人は愛国心からも日本株価安のいまこそ、日本株式を買っておくべきでしょう。

どうやら日本人と日本企業の時代が日本さえしっかりしていれば、客観的にも主観的にもこれから来ることは間違いないと思われます。

7　本物の時代が来つつある

私のホームページ「船井幸雄・ｃｏｍ」の1日あたりのアクセス数は２００９年1月は２万１９４２。２０１０年1月は2万４６００。２０１１年1月は2万８０１０でした。

それが２０１１年3月には4万１７１０に急増し、いま多分２０１１年6月は7万アクセスを越えていると思います。まだふえつづけています。この調子では今年中に20万アクセスには到達するような気がします。

私は週に2回以上、自らこのホームページ内で発信しているのですが、定期発信の毎週月曜日にはサーバーの容量（約10万アクセス）がパンクし、4月以降、なかなか見ることができなくなりました。

そこで5月25日に容量を約数倍に増やしましたが、急増した理由は3・11東日本大震災と、私以下の発信者が真剣に本物の情報発信に注力しはじめたこと以外に考えられません。

これは月刊誌「ザ・フナイ」も同様で、定期講読者数が今年3月までに比べて倍増、今年の5月号は1万人を突破、6月号はさらに2000人くらいふえました。これで今年中に2万人に達するのではないかと思われます。それ以外の店頭売りも含めますと、十分に採算の合う月刊誌になりました。ホームページも広告希望が急増しており、それを考えて、さらに拡充しようと考えています。

要はまじめに正しい情報を客志向して心をこめて書いて載せることだとわかりました。……いわゆる本物化の時代が来たように思います。いままでの「世の中」と、これがもっとも大きな変化です。どうやら本物時代が来たといえるようです。

今年の3月11日以降、明らかに世の中は変わったのです。そして日本人から、それが顕在化してきたようです。

8 「常識論」と最先端情報をまとめた「変革論」は合致する

既述しましたように、私には多くの人脈、情報脈があります。それも天才や超プロ、超能力者

（？）といった人も多く、そういう何百人かの人々と、非常に親しくつきあっています。当然、多くの正しいことを知ることができます。

それ以外に、『聖書の暗号』や『日月神示』に詳しくなりましたし、以前から出口王仁三郎《でぐちおにさぶろう》や、スウェーデンボルグ、エドガー・ケイシーなどの勉強もかなり深くやりました。それゆえ、それらの面の研究者にも多くの友人がおります。

一方、量子医学や波動医学（ドイツ人のパウル・シュミットさんが開発し、ドイツをはじめヨーロッパではバイオレゾナンスという名で実用化され、多くの実効をあげている療法です）、微生物学にもそこそこ詳しく、いまでは量子力学やプラズマ科学も、私なりにですが深く理解していると思っています。専門家として講演くらいはできます。

本もよく読むほうです。フシギに記憶力は、78歳半のいまも若いころと変わりません。

それらの知識をもとに、「多少、非常識かな」と思いながら、本書の第1章から第5章までの文章を真剣に予測して書きました。それらは、一般には非常識な最先端情報をまとめたものだからです。

それらに対しまして本章（第6章）は、3月11日以降の社会の動きを、つとめて私なりに常識的に判断して予測（？）したつもりです。

ところが、第1章から第5章までと、第6章に書いたことが結果として実に、よく似ていることとに気づきました。それらからわかることは3・11震災以降、世の中ははっきりと変わったといえそうだということです。

たぶん、2011年3月11日がきっかけとなったのでしょう。

ともかく、いま、常識論も非常識論も一体化するのです。人間にとって、ふつうは未来のことはわかりません。とはいえ、

①3・11震災がきっかけで世の中が変わりはじめたようだ。
②日本と日本人が世の中を大きく変化させそうだ。
③近々、地球にも人間社会にも大変化がありそうだ。
④人知をこえた智恵が働き、これからは「世の中」を導いていきそうだ。
⑤近未来を含めて未来には期待してよさそうだ。
⑥大変化が来そうだから、当然に苦難があるだろうが、人類はそれを乗りこえられそうだ。
⑦いよいよ本物の時代だ。

……といえると思うのです。

いずれにしても未来に夢と期待を持てるのはうれしいことです。

きょうは6月19日です。きのう6月18日ときょう6月19日でこの第6章を書きあげました。

全章の文章をこれから整理して6月25日ころまでに全原稿を出版社に送ろうと思っています。初校、再校、校了まで、きょうから半月以上かかるでしょう。いまは毎日が変化の日です。その変化の感想を「あとがき」でまとめて書こうと思っています。

いまは毎日、毎日が大変化の日々なので、どのような「あとがき」になるかわかりませんが御期待ください。

ともかく、これからは本物の時代です。うれしいことです。人生を前向きに正しく楽しみましょう。

以上をもちまして本書の本文を終わります。

あとがき——話題の人、松原照子さんの予告を含め、いま気になること

本書は、「まえがき」に記しましたように、学研グループから出す私の最初の本です。それも月刊「ムー」誌の三上編集長に依頼され、書くことになった一冊です。それゆえ、「ムー」の読者向け（?）の「あとがき」を書こうと思います。

私は、数多くの「見えないはずのものが見え、聞こえないはずの声などが聞こえる」といっている人とつきあっています。彼らのコトバは本当だろうと思います。ただし、それらの情報は99・9パーセント以上は参考にならないようだと経験上から知ってしまいました。私が至らないから正しい情報が来ないのでしょう。

とはいえ、いまは、この種の人ではふたりの人の情報だけは、100パーセントといっていいほど参考にしています。

そのひとりが、「まえがき」にも書いた話題の人、松原照子さんです。神戸生まれ、東京在住で64歳、今年10月には65歳になる松原さんは、一昨日7月8日に主婦の生活社から『幸

福への近道』という著作を発刊しました。私のところへも、7月8日に彼女が送ってくれたこの本が届きました。同書内には彼女の経歴や、フシギな能力について詳述されています。

3・11東日本大震災をブログ上で今年2月に2回も予告し的中させたため、彼女は一躍話題の人となりました。日々の彼女のブログのアクセス数が30万もあるとのことですが、これは考えられない数値です。ふつう1日のアクセス数が2万もあれば、世間に大影響を与えるくらいだからです。

本書を書きだした6月12日には、個人的には彼女は知らない人だったのですが、いまでは著作を贈られ、メールをもらうくらいの親しさになりました。

はっきりいいまして未来のことにつきましては、彼女のブログ上の発言は、いまのところ的中するようです。大事なことも当たるようです。たとえば今年5月8日に彼女は「福島原発内に溜まっている放射能水の処理法」を書いています。それについて5月9日に井口和基理学博士が彼のブログで解説していますが、それを読みますと、たしかに実験してみる価値はあるだろうと直感します。

彼女の著作中（171～172ページ）に、「人類最後の日が近づいています」と、次のような詩が載っております。

人類最後の日が近付いています
天からは
光の矢が人を射り、雷は陸地を走る
雨が地面を叩き、洪水が全てを飲み込む
風が踊り、全てを天に巻き上げる
雪が地上を白く染め、身も心も凍らせる
大地は揺れに揺れ、地面が底深く割れ
山は怒りの火を噴き、炎が地面を這う
海はうねりを上げて、陸地を襲う
海底温度は、両極の氷を溶かす
地球は体温を下げ、極をも狂わせる
そして人類の大半が死を迎えた朝
空はあくまでも青く
太陽は命を育むために　優しく地球を包み
海は穏やかに小波が　浜辺と語らい
山や陸地は早くも新しき生命を宿し次なる時代へと進む

その時から、地球新世紀が始まる
天が変わりて、地が異なる
「天変地異」
その日がいつ来るのか　誰も分らない

これは、本書内で紹介した『日月神示』の予測と似ております。いろいろなことがあるでしょうが、結局は人類にはすばらしい未来が来るといってよいと私は思っています。

彼女を信用できる人だと判断したのは、私がもらった個人的なメールからで、「だれもわからないが、私だけが思っている……としか考えられないこと」が、そこにずばりと書かれていたからです。ただ、ここでいいたいのは、「未来は細部までは決まっていない」ということです。われわれは、よい未来を創れるはずなのです。

ところで、もうひとりの発言を100パーセント参考にしている人は男性です。ものすごく忙しい職に就いている人ですが、この人は他人の写真と手相だけで、その人の過去のことが、ほぼ100パーセントわかるようです。現在の問題点もわかるようです。何千人もの人が見てもらって納得しているようですが、彼はこれらをすべて無料でやっています。この人は、私の手相と写真だけで、私だけにしかわからないはずだと思っていた過去生のことなどを、ずばり書いてメールを送ってくれました。

それにはびっくりしました。いまのところは、このおふたり以外のこの種の人たちとは、大事と思う情報だけを参考にし、気にしないでつきあうのがいいように思っています。

6月23日に出版社に送った本書の原稿の校正が出てきたのは7月6日です。きょう7月10日までに初校を済ませました。原稿執筆から約20日間です。この間に新たに気になることが多く出てきました。そのなかのふたつほどを紹介します。

そのひとつは、いよいよ日本国の経済破綻を、現実の問題として心配しなければならなくなったことです。これは7月6日に「船井幸雄．ｃｏｍ」で発信しました。安心してはおられません。下手をすると、今後1～2年中に、日本人は２００１年にＩＭＦが発表した「ネバダ・レポート」のような生活を強いられる可能性があります。その要点は次のとおりです。

①公務員の総数約30パーセントカットおよび給料30パーセントカット、ボーナスはすべてカット
②公務員の退職金すべてカット
③年金一律カット
④国債利払い5～10年停止＝事実上無価値にする

⑤消費税を15パーセント引き上げて20パーセントへ
⑥課税最低限年収を100万円まで引き下げる
⑦資産税を導入する。不動産は公示価格の5パーセントを課税、債券・社債は5〜15パーセントの課税、株式は所得金額の1パーセントを課税
⑧預金は一律、ペイオフを実施するとともに第2段階では預金額の30〜40パーセントを財産税として没収する

ふたつめは、最近のＮＡＳＡの動きです。

ＮＡＳＡは今年6月初旬にチャールズ・ボールデン長官をはじめ幹部から全ＮＡＳＡメンバーに宛てて、「2011年10月までに大災害が起こりそうなので、食料、水、医薬品など最低で1年分を備蓄して安全なところへ避難の準備をするように」とメッセージを送ったのですが、どうやらこれは「エレニン」と呼ばれている彗星か惑星の太陽系への接近の影響をいっているようです。「より詳しくは8月1日にわかる」と発表していますが、9月17日には地球から2100万マイル付近にまでこの星は近づき、9月26日に地球、エレニン、太陽、水星の直列が起こりますので、地軸が傾いたりポールシフトが起こったりする可能性があります。ともかく9月中ごろから10月が要注意なのは私でもわかります。これはたいへんなことです。それに、この直列の日々を悪用する動きもあります。

このへんで怖い話はやめますが、ほかにも『聖書の暗号』で予告されていることなどいろいろありました。ともかくいまは、日々、入ってくる情報が恐いほどです。それらは、よくも悪くも読めます。

ところで私のいいたい結論は、何があろうと、あくまでも前向きに人間として正しく生きておれば、問題はないだろうということです。

日本時間の今朝、ドイツで行われた女子サッカーのワールドカップで、「なでしこジャパン」が優勝候補筆頭といわれたドイツチームに延長戦で1対0という成績をあげ、ベスト4に進出しました。あきらめず、原則どおり長所を活かしたからでしょう。元気の出るニュースです。これなら優勝の可能性もあります（編集部注：7月18日に、世界一になりました）。

読書の皆さまが、本書によって少しでも正しく時流を認識してくだされればうれしいし、正しく生きてほしいと念じて、この「あとがき」のペンをおきます。

２０１１年7月10日　自宅書斎で

船井幸雄

予測はしないほうがいいのだが

44年間、何万件も当てた男の今後の予測

2011年9月6日　第1刷発行
2011年9月12日　第2刷発行

著　者　船井幸雄
編集長　三上丈晴
発行人　脇谷典利
発行所　株式会社 学研パブリッシング
〒141-8412 東京都品川区西五反田2-11-8
発売元　株式会社 学研マーケティング
〒141-8415 東京都品川区西五反田2-11-8

編集制作　中村友紀夫
写真提供　船井幸雄／AP／共同通信／並木オフィス
カバー写真　小澤正朗
DTP制作　株式会社 明昌堂
印 刷 所　共同印刷
製 本 所　加藤製本所

この本に関する各種のお問い合わせは、下記のところまでお願いします。
●編集に関すること
――☎03-6431-1506（編集部直通）
●在庫／不良品（落丁・乱丁等）に関すること
――☎03-6431-1201（販売部）
●それ以外でこの本に関すること
――〒141-8501 東京都品川区西五反田2-11-8 学研お客様センター
ムー・スーパーミステリー・ブックス『予測はしないほうがいいのだが』係へ